Deloitte & Touche

Rhône-Alpes en mouvement

2001–2002

Sommaire

Note au lecteur

Consultants de Deloitte & Touche Rhône-Alpes, nous avons imaginé cet ouvrage, car notre métier nous met en contact au quotidien avec ceux qui font la région Rhône-Alpes d'aujourd'hui et de demain. Nous sommes donc à même de percevoir les grandes mutations en cours dans la région, au cœur desquelles œuvrent les principaux décideurs de notre économie. En tant que consultants, nous les accompagnons dans leurs changements au quotidien en mobilisant toutes nos compétences à leur service. Cette chance que nous avons, par notre activité, de vivre et de participer à la région Rhône-Alpes en mouvement, nous souhaitons vous la faire partager. C'est à quoi nous nous sommes attachés dans cet ouvrage que tous les consultants Deloitte & Touche sont heureux de vous proposer.

Préface

L'année 2001 aura été marquée par des événements d'une rare gravité qui, pour éloignés qu'ils soient de notre pays, n'en ont pas moins eu des conséquences sur le moral des consommateurs.

Les politiques ont pris le problème à bras-le-corps. L'économie a joué le jeu, elle aussi. Les marchés n'ont pas explosé sous les coups de boutoir des attaques portées contre les symboles de l'économie libérale. Ils ont même fait preuve d'une grande souplesse. Néanmoins, chacun comprend bien pourquoi des pans entiers de l'activité ont pu être affectés par les effets déstabilisateurs de la crainte, encore tangible aujourd'hui, qu'a provoquée la crise.

Les événements de septembre sont intervenus alors qu'à l'image du marché américain, référence et moteur de celui de la planète, les économies connaissaient partout une vague d'essoufflement. La France n'y échappait pas, depuis le printemps 2001. Après plusieurs années positives, marquées par une progression soutenue de la création d'entreprises et le recul régulier du chômage, les baromètres commençaient à enregistrer une décélération de l'activité en même temps que le moral des entrepreneurs se détériorait pour virer au sombre. La morosité s'est lentement et insidieusement installée chez nous au milieu de l'année. Mais pas partout. Et elle n'a pas gagné tout le monde.

Les neuf chapitres du livre que vous avez en main sont un véritable antidote à la sinistrose ambiante. On y découvre les visages divers du maillage serré des entreprises de nos régions qui tiennent bon, qui continuent à espérer et à se développer. Elles sont guidées par des patrons imaginatifs, innovants, pour qui la réussite passe aussi par l'épanouissement de leurs salariés. Des hommes préoccupés d'avenir, de service au client, d'éthique.

Ils ont trouvé l'aide de financiers et d'administrations qui ont relevé leurs manches et affirment que le recul n'a rien d'inéluctable.

Ils ont appris à travailler en réseaux solidaires pour échanger des informations, soutenir les plus faibles et aider les jeunes créateurs à réussir dans le monde de l'entreprise.

Ce livre est un hommage à une race de gens courageux et porteurs d'avenir : les chefs d'entreprise.

Olivier Rosier,
Directeur associé

Deloitte & Touche

Forces et faiblesses d'une région leader

Fusions, acquisitions, croissance ▸

Création d'entreprises

Emploi

Attractivité de Rhône-Alpes

Commerce électronique

Mondialisation

Nouvelles technologies

Santé

Sécurité alimentaire

Fusions, acquisitions, croissance & financement

Seconde région française derrière l'Ile-de-France pour son PIB, mais première région industrielle française, Rhône-Alpes bénéficie d'un marché financier de plus en plus professionnalisé, apportant aux entreprises une véritable valeur ajoutée en matière de stratégie de croissance. Seule ombre au tableau, Lyon, parfois trop centrée sur elle-même, a du mal à faire valoir sa position internationale et à se situer en deuxième place forte française sur l'échiquier européen.

2000 et 2001

Avec un marché intérieur de 5,5 millions d'habitants et un produit intérieur brut de 654 milliards de francs, la région Rhône-Alpes se place en deuxième position derrière l'Ile-de-France. Première région industrielle française, elle est riche d'un tissu dense et diversifié de PME et PMI familiales qui ont opéré, notamment en 2000 et 2001, de nombreuses fusions et acquisitions. « *Nous avons atteint un haut de cycle économique, particulièrement au premier semestre 2000 où l'activité a été très forte dans tous les domaines de transaction* », analyse Roland Bonnard, directeur régional d'Initiative et Finance Gestion. Seule plate-forme financière française en dehors de Paris, la région Rhône-Alpes et plus particulièrement la ville de Lyon, disposent d'un éventail complet de professionnels pour tous les types de montages financiers.

Siparex, Banque de Vizille, 3I, Rhône-Alpes Développement, Sudinnova, Spef, pour les entrepreneurs le choix est multiple, les réseaux sont forts et suffisamment étoffés. Un véritable marché de la transmission comme de la fusion a donc trouvé des bases assez structurées pour apparaître avec un prix, une offre et une demande. Le marché des financiers s'est donc peu à peu professionnalisé, apportant aux entreprises une véritable valeur ajoutée en matière de stratégie de croissance.

Seule ombre au tableau, Lyon, parfois trop centrée sur elle-même, a du mal à faire valoir sa position internationale et à se situer en deuxième place forte française sur l'échiquier européen. D'aucuns voient déjà la capitale des Gaules se faire damer le pion par Marseille, en plein réveil économique – notamment grâce au TGV Méditerranée – mais bien moins outillée d'un point de vue financier et bancaire.

deux années de fortes transactions

Générale Location

La société sise à Brignais, dans la périphérie lyonnaise, n'en finit pas d'afficher sa croissance. 35 % sur l'année 2000. Spécialisée dans l'ingénierie et la logistique événementielles, Générale Location a bouclé en 2000 une année record, annonçant 1,4 milliard de francs de chiffre d'affaires, en hausse de 46 % par rapport à l'exercice précédent. Une envolée remarquable. La société, cotée au second marché, a profité de l'immense notoriété que lui a apportée le marché d'équipement (gradins, structures d'accueil) des Jeux olympiques de Sydney. Mais pas seulement.

Elle a su également se développer en interne, en France comme à l'international, sur ses trois métiers : la gestion, l'équipement et l'agencement des événements et des expositions. L'entreprise, dirigée par Olivier Ginon, a aussi fondé une grande partie de son développement sur la croissance externe. Les nombreuses sociétés acquises en 2000 devraient lui apporter un complément de chiffre d'affaires de près de 200 millions de francs pour l'année 2001. Et ce n'est pas tout. Générale Location, qui s'est récemment implantée à New York, continue d'absorber des PME qui viennent renforcer ses différents pôles de compétences. L'entreprise, qui pilote aujourd'hui plus de 1 500 personnes, a annoncé dès la mi-année qu'elle bouclerait l'exercice 2001 avec une croissance globale supérieure à 20 %.

Intervenant de plus en plus sur les événements prestigieux du monde – sommets des chefs d'État, Masters de tennis, Grand Prix de Formule 1, salons internationaux, musées –, la société affiche avec un certain réalisme son ambition : atteindre 2 milliards de francs de chiffre d'affaires en 2002.

multiplie les acquisitions

Dominique Hiesse

directeur général et cofondateur de RBDH

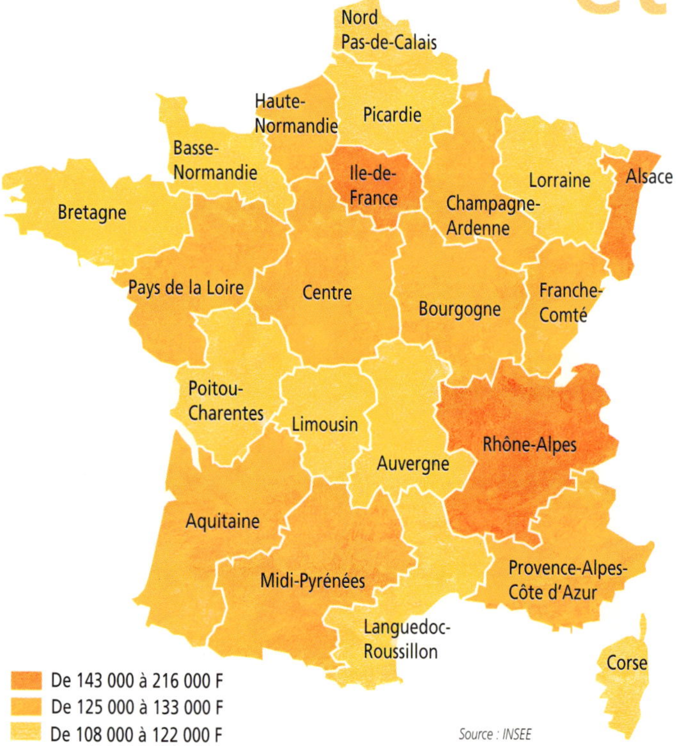

Le PIB par région

Qu'est ce qui dirige votre modèle de croissance ?

Les acquisitions pour une bonne partie. Fin 2001, nous compterons cinq nouvelles sociétés au sein du holding RBDH et notre chiffre d'affaires passera de 500 à 750 millions de francs pour un résultat net de 4 %. Depuis sa création en 1989, le groupe a acquis une vingtaine de sociétés implantées en région Rhône-Alpes, et nous comptons aujourd'hui plus d'un millier de salariés. Notre ambition est de fournir à nos clients, pour l'essentiel des grands comptes répartis dans tous les secteurs d'activité (plasturgie, construction électrique, automobile), une offre complète en matière de mécanique (mécanique de précision, de spécialités, décolletage, montage et services associés). Pour étoffer cette palette, nous opérons par croissance externe.

Par quoi sont motivées les entreprises qui rejoignent le holding ?

Elles savent que l'union fait la force. Face à leurs clients internationaux qui se développent par fusions et acquisitions, elles doivent elles aussi grossir pour être crédibles et pérennes. Le groupe leur permet de conserver leur indépendance juridique et d'atteindre une taille sécurisante pour leurs clients. Elles bénéficient des synergies internes, des structures communes, de la stratégie d'ensemble et de la croissance organique du groupe comprise entre 10 et 14 %, soit identique à celle du marché. RBDH est devenu une sorte de coach chargé d'animer un réseau de PME, sans lourdeur décisionnelle. Nous impulsons la stratégie, sécurisons les financements, investissons dans les développements (7 à 8 % du chiffre d'affaires chaque année) et étayons la prospection commerciale grâce à une offre de service globale.

Comment financez-vous ces acquisitions ?

Nous recevons chaque année une centaine de dossiers émanant de chefs d'entreprise qui souhaitent nous rejoindre. Nous en sélectionnons cinq ou six par an. Ces acquisitions sont financées par augmentation de capital et par endettement. Les actionnaires du holding RBDH sont les dirigeants (60 %), des personnes physiques (10 %) et des financiers (30 %) comme la Spef, Siparex et le groupe CIC. Rhône-Alpes est la première région mécanique française, avec 30 % du marché national. Le tissu, très morcelé, est essentiellement composé de PME ; RBDH y joue un rôle fédérateur. Les dirigeants des sociétés du holding sont par ailleurs intéressés au capital et aux résultats du groupe.

La région vous semble-t-elle suffisamment outillée pour assurer votre développement ?

Nous avons trouvé en Rhône-Alpes des partenaires financiers de qualité pour nous épauler, tant en matière de levée de fonds que de crédits et de recapitalisation. La main-d'œuvre, très compétente, est souvent issue des écoles spécialisées avec lesquelles nous avons noué des partenariats. Le tissu est dense, complet, animé par un formidable dynamisme des chefs d'entreprise.

Antoine Jarmak

« Le fait qu'une banque d'affaires comme la nôtre puisse exister en Rhône-Alpes est la preuve de la diversité et de la richesse multi-sectorielle de cette région, où les opérations financières et boursières sont nombreuses. » Directeur général de la Banque de Vizille, filiale de la Lyonnaise de Banque (groupe CIC), Antoine Jarmak apporte les preuves de ce qu'il avance.

En 2000, le montant cumulé des opérations conseillées à la vente par le Département fusions et acquisitions de la Banque de Vizille s'est élevé à 148 millions d'euros et à 324 millions d'euros en 1999. Offrant l'ensemble de la palette des services financiers et boursiers, cette banque d'affaires régionale, au regard complet sur l'évolution capitalistique d'une entreprise, compte 150 participations minoritaires au capital de PME de tailles diverses, pour un total de 230 millions d'euros.

directeur général de la

« *La place lyonnaise,* explique Antoine Jarmak, *forte de PME dont les chiffres d'affaires sont compris entre 20 et 200 millions d'euros, a, au cours des dernières années, attiré nombre d'investisseurs étrangers à la recherche de belles affaires jugées souvent comme des cibles incontournables dans leur secteur d'activité.* »

C'est ainsi que trois des beaux fleurons de la vallée de l'Arve, spécialisée dans le décolletage, sont partis aux mains des Américains ou encore que Distriborg, spécialiste français de l'alimentation biologique, est passé sous pavillon néerlandais.

Le tissu bancaire et financier a su rapidement réagir pour s'internationaliser et être en mesure de traiter avec les investisseurs étrangers. « *Le rôle du banquier d'affaires a évolué pour accompagner de plus près les stratégies de groupe et les opérations de LBO, de plus en plus nombreuses, y compris dans la sphère des ressources humaines. C'est là qu'aujourd'hui nous pouvons aussi intervenir* », poursuit Antoine Jarmak, convaincu que les métiers de capitaux et de conseil sont désormais intimement liés. Le directeur général de la Banque de Vizille va même plus loin : « *Demain,* assure-t-il, *les sociétés de notre secteur seront ultra-spécialisées. En matière de fusions et acquisitions, les indépendants auront du mal à rester isolés. Il faudra plus que jamais, dans les métiers de haut de bilan, être capable d'apporter des solutions adaptées à forte valeur ajoutée. Il faudra aussi avoir les moyens en capitaux pour accompagner nos clients sur la durée.* »

Banque de Vizille

Une success story à la lyonnaise

La SSII, implantée depuis sa création en 1987 à Charbonnières-les-Bains, est devenue un véritable groupe informatique. En attente d'une stabilité du marché boursier pour faire son entrée sur le nouveau marché, elle s'est constitué une nouvelle identité sociale à la hauteur de ses ambitions.

Portée sur les fonts baptismaux sous le nom d'AGS, l'entreprise – qui emploie 170 salariés entre ses agences lyonnaise, bretonne et strasbourgeoise – a changé de nom comme de dimension. Dédiée au développement de solutions de conception assistée par ordinateur pour les PME-PMI industrielles ainsi qu'à l'édition de logiciels de gestion et de documentation, la société est sortie de l'ombre avec son produit phare : Vdoc. Son succès grandissant l'a conduite pour la deuxième fois à lever 32 millions de francs en octobre 2000 auprès d'investisseurs financiers.

Grâce à ce dernier tour de table, la société dispose de 45 millions de francs de fonds propres, de quoi financer une partie de sa croissance. Axemble a déjà bouclé l'acquisition d'AdeQuad, une société d'informatique parisienne spécialiste de Lotus Note.

L'entreprise prépare désormais son implantation par croissance externe en Suisse, en Italie et en Espagne. Gourmande, elle s'est aussi associée par joint venture, pour s'installer en Grande-Bretagne. Le groupe, détenu à 20 % par les investisseurs et à 75 % par ses dirigeants, devrait terminer l'année 2001 avec un chiffre d'affaires de 208 millions de francs et une rentabilité nette de 4 %.

Axemble s'étoffe avant d'entrer en Bourse

Expert
Deloitte & Touche

Paul-Henri Denieuil
Associé en charge
de Financial advisory services

Quelle a été l'évolution du marché des fusions et acquisitions depuis un an ?

Le marché des fusions-acquisitions n'a pas évolué de façon identique aux USA, en Grande-Bretagne et en Europe continentale. La nouvelle appréciation des valeurs technologiques, au printemps 2000, a néanmoins été le déclencheur d'une prise de conscience que le rythme de croissance allait se modifier. Le doute s'est installé chez les entrepreneurs, renforcé par les interrogations début 2001 sur la conjoncture internationale et, à l'automne, par les attentats terroristes.

Le volume des opérations a été le plus affecté ?

Oui, en raison de la baisse de la valorisation des affaires à vendre ou à reprendre, alors qu'avant, on notait une croissance du nombre de transactions. Les très grandes opérations, moteurs de ce marché, comme les acquisitions dans le secteur des télécoms, si elles ne sont pas encore achevées, sont aujourd'hui bien ralenties.

Et pour l'Europe et la France ?

Le ralentissement, venu un an plus tard, est plus sensible en volume. On a noté peu de grandes opérations en 2001, après les rapprochements spectaculaires du passé récent comme Promodès/Carrefour, BNP/Paribas ou France Telecom. Le nombre des opérations, en revanche, a été relativement bon jusqu'au début de septembre 2001.

Pourquoi ce décalage entre monde, Europe et France ?

Chez nous, la conjoncture a été soutenue. Les entreprises ont poursuivi plus longtemps leurs opérations de restructuration dans un esprit de conquête. Mais, aujourd'hui, elles souhaitent surtout consolider les résultats pour répondre aux promesses faites au marché. On améliore la gestion, les achats, la logistique, on réduit les investissements ou la publicité.

Ou l'on réduit la voile

De grands groupes se séparent d'activités annexes, de divisions ou de filiales pour améliorer leurs ratios d'endettement. Ils contribuent ainsi à alimenter le marché des fusions et acquisitions. La conquête qui a fait place à la rationalisation et à des positions plus défensives permettra de franchir cette étape. Deloitte Corporate Finance met en œuvre un modèle de développement qui permet d'accompagner ses clients dans les périodes de conquête mais aussi dans les périodes de restructuration.

Quels conseils donnez-vous pour des fusions ou acquisitions ?

1. Prenez du recul. Analysez d'abord les conséquences stratégiques de l'action projetée. Quantifiez-les.
2. Ne soyez pas seulement impliqués dans la négociation des opérations, mais aussi dans la mise en œuvre de synergies : veillez à l'harmonisation des cultures, faites les arbitrages nécessaires entre les systèmes de gestion, établissez des organigrammes clairs.
3. Communiquez largement pour faire comprendre et partager vos objectifs au personnel, aux fournisseurs, aux clients, aux banquiers et à vos actionnaires.

Deloitte & Touche

En attente d'amorce régionale

Fusions, acquisitions, croissance

Création d'entreprises ▸

Emploi

Attractivité de Rhône-Alpes

Commerce électronique

Mondialisation

Nouvelles technologies

Santé

Sécurité alimentaire

La création d'entreprises

En 2000, Rhône-Alpes a donné naissance à 26 295 nouvelles entreprises contre 26 158 en 1999. Pour les observateurs avertis, c'est insuffisant. Le panel d'outils de réflexion, d'aide au financement et d'accompagnement stratégique à la disposition des créateurs rhônalpins ne suffit pas à attirer en nombre les entrepreneurs de demain. Un fonds d'amorçage régional et le renforcement capitalistique des instruments existants sont devenus indispensables.

Démarche volontaire

« Le lourd et riche passé industriel de la région Rhône-Alpes constitue un terreau extrêmement favorable à la création d'entreprises. Il existe dans notre région, de la vallée de l'Arve (décolletage) à la Plastic Vallée, des compétences variées qui entraînent et essaiment. Des leaders, comme Infogrames ou le Leti-Cea, Silicomp et Soitec à Grenoble, ont permis à des entreprises de voir le jour dans leur sillage et de s'inscrire dans des niches à forte valeur ajoutée. » Directeur du réseau Sud-Est de la BDPME, Marcel Deruy est devenu après plus de vingt années dans la région, l'incontournable référence en matière de création d'entreprises. « *Pour créer*, dit-il sans détour, *il faut une démarche volontariste et une parfaite connaissance du secteur sur lequel on s'implante. C'est souvent la clé du succès.* » En 2000, la région a donné naissance à 26 295 nouvelles entreprises contre 26 158 en 1999. 60 % d'entre elles, cependant, sont des entreprises unipersonnelles qui ne sont pas considérées comme ayant un fort potentiel de croissance. « *Un grand nombre de cadres de la région sont intégrés dans des entreprises dynamiques, valorisantes, ce qui ne les incite pas à créer leur propre société. Les chiffres montrent d'ailleurs que la Région Rhône-Alpes, qui a pourtant un potentiel extraordinaire, est, en France, légèrement en retrait en termes de pourcentage de création.* » Le panel d'outils de réflexion, d'aide au financement, d'accompagnement stratégique, à la disposition des créateurs rhônalpins ne suffit pas à attirer en nombre les entrepreneurs de demain. Le plan Allègre, qui vise à faire sortir, en toute sécurité, les chercheurs de leurs laboratoires pourrait améliorer la situation. Car, dès aujourd'hui, il faut préparer la relève des fleurons économiques régionaux qui portent la renommée et la puissance du territoire. « *Le jour où nous serons dotés de fonds d'amorçage régionaux en plus des deux nationaux que nous hébergeons (Bio Am et Emertec), nous aurons une offre forte et cohérente. Car si notre taux apparent de création d'entreprises est inférieur à la moyenne nationale, notre terreau d'entreprises à fort potentiel de croissance est nettement supérieur.* »

et connaissance du secteur

L3C la valeur qui monte

L3C fait partie des success stories de l'année 2000. Créée à Bourg-de-Thizy (Rhône), cette société spécialisée dans la conception et la distribution de textile pour la maison est entrée au marché libre en décembre 1999 pour financer sa croissance interne. Depuis, le titre n'a cessé de progresser et la jeune pousse envisage désormais son transfert sur le second marché.

Fondée par Thierry Lièvre et Aldo Convertino, L3C a su ouvrir son capital à hauteur de 15 % à la Financière BS, société d'investissement contrôlée par Bruno Rousset, le fondateur et PDG du groupe d'assurances lyonnais April. Ce partenaire expérimenté est apte à épauler les dirigeants dans leurs ambitions de développement et à leur donner les clés pour pénétrer avec intelligence la communauté financière française. L3C, qui a annoncé 16,4 millions d'euros de chiffre d'affaires en 2000 avec un résultat net de 1,2 million d'euros en progression de 96 % par rapport à l'exercice précédent, s'est vite senti pousser des ailes mais n'a pas cédé aux sournoises sirènes du marché.

Conscients qu'une croissance trop rapide du chiffre d'affaires peut être difficile à digérer en interne, les dirigeants de l'entreprise, dont l'endettement est nul, tablent sur une progression annuelle maîtrisée d'environ 30 %.

L3C, qui ne compte qu'une dizaine de collaborateurs, a fait de l'externalisation son cœur de métier. Bureau d'ingénierie, elle conçoit des lignes de produits textiles pour la décoration intérieure pour son propre compte, sous la marque Douceur, et pour les centrales d'achats ou les leaders de la VPC. Se définissant comme un assemblier, L3C veut rester une structure souple et limiter ses charges, même si elle envisage de réaliser sereinement quelques croissances externes.

Jacques Mottard (Sword)

Comment êtes-vous devenu un créateur d'entreprise ?

Quand je suis entré en 1982 chez Comelog (SSII généraliste lyonnaise) comme directeur régional, l'entreprise comptait 45 salariés. Sept ans plus tard, j'étais devenu directeur général et j'avais porté son effectif à 1 000 salariés. Mais la volonté d'être autonome et de diriger mon propre projet avait pris le dessus. J'ai sauté le pas et j'ai créé Decan en 1990 avec un capital de 500 000 F, une trésorerie de 2,5 millions de francs et l'appui de la BPME.

Pour créer,

Jusqu'où l'aventure de Decan vous a-t-elle conduit ?

Decan, SSII généraliste, a commencé par multiplier les régies avant d'aller vers des solutions informatiques plus sophistiquées. En 1991, France Télécom a pris 10 % du capital et nous a cédé la majorité du capital de la société Sarde, spécialisée dans la gestion électronique de documents. Ce fut le début de notre politique d'achats et de croisements de capitaux. Je crois d'ailleurs plus à ce genre de support économique qui s'appuie sur des fusions, des acquisitions, des échanges et des investissements que sur un système de subventions et d'aides.

En 1994, Decan fait son entrée sur le marché boursier, que se passe-t-il ?

La société est effectivement listée au hors-cote en 1994 avant de faire son entrée sur le second marché en 1996. Il s'agissait alors de financer notre croissance par augmentation de capital. En 1997, Decan réalise une levée d'obligations convertibles (92 millions de francs, 14 millions d'euros) toujours pour les mêmes raisons. La société acquiert Sigma (conseil) et Sword (marques et brevets). L'entreprise est vendue en 1999 puisque son actionnaire principal (Metamor) est sous le coup d'une OPA.

En 2000, vous quittez Decan. Quel est votre projet ?

En désaccord avec le nouvel actionnaire de Decan, PSInet, je décide de quitter le groupe en rachetant Sword et l'activité gestion électronique de documents. Reconstitué, le nouveau groupe Sword, au capital de 22 millions de francs (3,35 millions d'euros) répartis entre les salariés, une société de capital-développement italienne et moi-même, affiche 50 millions (7,6 millions d'euros) de fonds propres. Sword a réussi à obtenir auprès de trois banques 60 millions de francs (9,15 millions d'euros) de trésorerie à long terme et 21 millions de francs (3,2 millions d'euros) de prêt à court terme. Aujourd'hui, la société, qui compte 200 salariés répartis entre Saint-Didier-au-Mont-d'Or (Rhône), Alicante (Espagne), Genève et New York, vise 25 millions d'euros de chiffre d'affaires et prépare son entrée en Bourse courant 2002.

Quel est le maître mot pour réussir en tant que créateur ?

Le respect et l'exemplarité. Ces deux mots résument toutes les théories de management et suffisent à booster une entreprise et les hommes qui la composent. Je crois en une nouvelle économie qui s'appuie sur l'actionnariat salarié. Cette nouvelle donne dans l'entreprise permet une plus grande réactivité et d'établir des relations internes, basées sur la confiance, plus solides.

Que manque-t-il pour que la création d'entreprises soit moteur de notre économie ?

Un certain courage politique pour assouplir les étapes de création et de développement des entreprises. D'autant que je suis époustouflé par la qualité des ressources humaines dans notre pays. Il ne s'agit ni d'étouffer les projets ni de sombrer dans un ultralibéralisme outrancier.

il suffit d'avoir du courage !

Rhône-Alpes Création

70 millions de francs

« La création d'entreprises recouvre des réalités bien diverses, allant du commerçant installé au fin fond de l'Ardèche à la spin off d'un grand groupe international. On a pour habitude de mettre dans le même panier des situations très hétérogènes, alors qu'une segmentation s'impose. D'un côté, les armées de TPE et artisans et de l'autre les entreprises dites à fort potentiel de croissance, reconnues pour leurs avantages concurrentiels et leur capacité à se battre sur la scène internationale. » Président du directoire de Rhône-Alpes Création, structure régionale qui, depuis son origine, a investi plus de 70 millions de francs (10,67 millions d'euros) dans le capital d'environ 120 sociétés représentant 2 000 emplois et un chiffre d'affaires global de 1,6 milliard de francs (0,24 milliard d'euros), Guy Rigaud a positionné

la structure qu'il dirige sur un créneau délaissé par les champions du développement comme Sudinnova, Siparex, 3I, Banque de Vizille, tous présents en Rhône-Alpes.
« Nos dossiers sont plus difficiles à financer, car ils sont trop petits pour les grands investisseurs et trop importants pour les réseaux classiques d'aides à la création (plate-forme d'initiatives locales, réseau des chambres de commerce) », reconnaît Guy Rigaud, à la recherche de ceux qui, demain, tireront l'économie régionale comme le font aujourd'hui Rigiflex, Générale Location, Cegid et autres Infogrames. Conscient que la région, qui fut longtemps sur le devant de la scène française en matière de création, est en train de se faire rattraper, il plaide lui aussi pour la création d'un fonds d'amorçage régional et pour le renforcement capitalistique des instruments existants. D'autant que, comme il s'empresse de souligner, *« le phénomène de l'entreprenariat, qui fut à son paroxysme en 1999 et 2000, risque de retomber faute de moyens financiers à la hauteur »*. Il serait donc temps de réagir pour ne pas gaspiller *« cette base de recherche technologique privée et publique qui fait la force de la région, parce qu'elle alimente le substrat économique industriel et tertiaire et permet une fertilisation croisée »*. Il serait aussi dommage de ne pas permettre l'ascension de ceux qui sont désormais considérés comme une relève crédible aux noms prestigieux (Boiron, Mérieux, Renault VI, SEB). *« Nous avons tout ou presque pour réussir ce pari. Pour peu que l'internationalisation de Lyon se fasse et que les outils financiers se renforcent, la région Rhône-Alpes explosera sur le devant de la scène mondiale. »* On ne demande qu'à y croire.

dans 120 sociétés

Profil des créateurs d'entreprises assistés par France Technopoles

Source : France Technopoles Entreprises Innovation

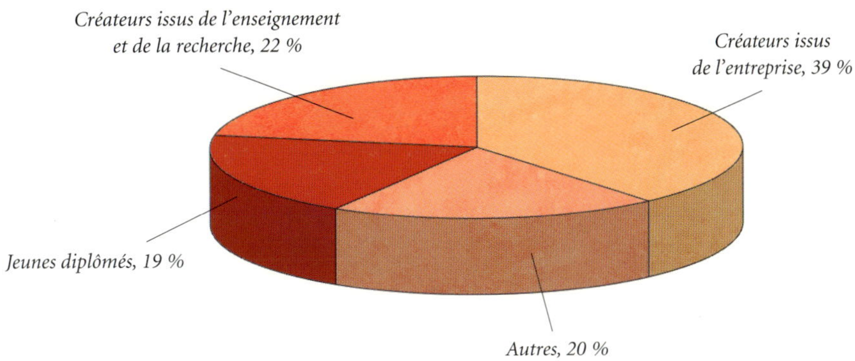

Infosources la pionnière d'Internet

C'est finalement le groupe d'Internet et de télécommunications italien Tiscali, à travers sa filiale française Libertysurf, qui a acquis, pour 5 millions d'euros, les activités Internet en France d'Infosources. Se situant parmi les leaders français de la fourniture d'accès à Internet, Infosources, avec environ 733 000 abonnés actifs, est une des réussites régionales sous forme de feuilleton qui a tenu en haleine les rhônalpins depuis 1995. Christophe Sapet, directeur général d'Infogrames et fidèle ami de Bruno Bonnel, se lance, à cette époque, dans la brèche du multimédia en créant Infonie, un des premiers services en ligne à destination du grand public. Première société cotée au nouveau marché, elle attire quelques investisseurs comme Dassault Multimédia et Paribas, mais elle est boudée par le public qui, en ce temps-là, semble ignorer Internet. Entre 1995 et 1997, Infonie s'effondre, mais Christophe Sapet s'entête, convaincu que le marché finira par décoller. La suite lui a donné raison. Le groupe, rebaptisé Infosources en 1999, voit sa valorisation boursière passer de 60 à 600 millions d'euros. Le feuilleton continue. Entre acquisitions, fusions et reventes, le groupe fusionne avec le fournisseur belge d'accès à Internet Skynet (groupe Belgacom). En 2000, son chiffre d'affaires a atteint 58,7 millions d'euros. Désormais, Infosources envisage des acquisitions dans l'Hexagone, notamment dans le secteur des services aux entreprises.

Expert
Deloitte & Touche

Philippe Weil
Associé, Financial advisory services

Où en est la création d'entreprises après les ouragans sur le Net ?

Les déboires de la net économie ont eu une influence sur la création d'entreprises. Les créateurs avaient oublié l'essentiel dans ce genre de démarche : le coût et le temps nécessaires pour acquérir des clients. Si l'on veut vendre des services à de grands comptes, il faut bien compter six à neuf mois d'efforts.

Le phénomène a levé beaucoup d'argent

La vague du net a été financée par des financiers, qui avaient fort justement pour souci un retour rapide de leurs investissements, et non par des industriels. La méthode Coué suivie par certains n'y a rien fait : chacun entendait de son voisin ce qu'il voulait entendre. Ce fut une vraie folie. Nous avons vu passer jusqu'à dix dossiers par jour dans nos bureaux parisiens pour solliciter nos commentaires et une assistance à la levée de fonds.

Les lendemains ont été difficiles

De nombreux projets n'ont pas vu le jour. D'autres ont conduit à la disparition des entreprises. Quand sont nées de nouvelles idées de création, c'était souvent trop tard. Elles ont rencontré des financiers échaudés. Le processus s'est mis en boucle. L'erreur ne peut pas être imputée aux créateurs plus qu'aux financiers. Tout le monde s'est trompé et s'est laissé griser.

Cela a-t-il grevé l'emploi ?

Le secteur n'aurait pas forcément créé en soi beaucoup d'emplois, mais il était prometteur en périphérie. Paradoxalement, les difficultés de la net économie ont produit des effets bénéfiques. Des individus avaient tout quitté pour se lancer dans l'aventure. Ils sont parfois revenus vers leur entreprise, forts de leur expérience, plus raisonnés, plus réalistes, plus prudents. Une pratique positive de l'échec très bien accueillie aux États-Unis.

Dans quoi se lancent-ils ?

La Bourse et les entreprises souffrent. Les plus grandes se recentrent sur leurs métiers de base. Cette conjoncture très particulière encourage les managements buy out, par lesquels des hommes de gestion peuvent racheter telle filiale devenue accessoire. S'ils ont une vision stratégique de la pérennité d'une entreprise et bien les pieds sur terre, ils réussiront.

Quels conseils donner à un futur créateur d'entreprise ?

Essayez plutôt de reprendre une affaire dans un ensemble qui existe déjà : l'unité périphérique devenue accessoire ou trop petite pour un groupe qui se concentre sur son essentiel.
Si, en revanche, vous partez de rien, prenez bien soin de choisir vos partenaires avec circonspection.
Soyez transparent sur les risques courus.
Sachez prendre du temps.
Prenez conscience également que vous n'êtes pas tout seul, si vous le souhaitez.

Deloitte & Touche

L'incertitude après une année 2000 « spectaculaire »

Fusions, acquisitions, croissance

Création d'entreprises

Emploi ▸

Attractivité de Rhône-Alpes

Commerce électronique

Mondialisation

Nouvelles technologies

Santé

Sécurité alimentaire

L'emploi

La fin de l'année 2000 avait enregistré un recul, jugé spectaculaire, du chômage dans la région Rhône-Alpes. C'était après trois années de baisse continue. Le taux de chômage avait atteint son niveau le plus bas depuis dix ans, un point et demi inférieur à celui de la France. L'évolution favorable était due à la fois à la croissance de l'activité économique, aux mesures d'aide à l'emploi des jeunes et au recours soutenu à l'intérim. 2001, on s'en doute, n'aura pas été aussi bon.

Une évolution favorable

Un recul « spectaculaire » du chômage en Rhône-Alpes a été salué en décembre 2000 par l'INSEE et les chambres de commerce et d'industrie Rhône-Alpes.
Après trois années de baisse continue, le taux de chômage rhônalpin a même atteint son niveau le plus bas depuis dix ans, à 7,7 % (9,2 % en France), avec le meilleur résultat enregistré dans l'Ain, à 5 %. Autre record : près de 60 000 emplois privés ont été créés dans la région (sur un total de 2,3 millions d'emplois), dont les deux tiers dans le secteur tertiaire, en raison de l'externalisation croissante des services annexes à la production. Les secteurs industriels les plus créateurs d'emplois demeurent la mécanique et la transformation des métaux, où Rhône-Alpes s'affirme comme la première région de France, la production d'électricité (autre pôle d'excellence), la pharmacie – en forte croissance (+ 6 %) –, les composants électriques et électroniques, ainsi que les biens d'équipements et de loisirs, autre spécialité rhônalpine. Il faut souligner également la situation particulière du textile et de la construction de véhicules (avec Renault VI, Irisbus) : dans ces deux secteurs traditionnels, l'emploi progresse légèrement alors qu'il est en recul au plan national.
Cette évolution favorable, due à la croissance de l'activité économique, aux mesures d'aide à l'emploi des jeunes et au recours soutenu à l'intérim, aura sans doute marqué le pas avec le retournement de conjoncture à mi-2001. Cependant, certains secteurs d'activités auront continué à connaître des tensions dans leurs recrutements : c'est le cas notamment en informatique, comme l'a souligné récemment Synthec pour les SSII, dans les transports – très importants en Rhône-Alpes –, dans la métallurgie ou dans le bâtiment et les travaux publics. Une tension qui risque d'être alimentée par les 35 heures : *« Il faut s'adapter à la réalité ; gardons le principe de la loi, mais avec des heures supplémentaires décomptées à partir de la 36e heure »*, préconise Jean-Paul Mauduy, président du MEDEF Rhône-Alpes, qui a, par ailleurs, créé avec le Conseil régional un système, unique en France, de découverte et de formation des enseignants en entreprise.

grâce à la croissance économique

Toupargel : des emplois tout frais !

« Après avoir effectué beaucoup de prospection externe, nous développons nos services en interne. Mais nous nous trouvons confrontés à des difficultés importantes dans le recrutement de téléprospecteurs », analyse Roland Tchénio, PDG de Toupargel, spécialisée dans la livraison de produits surgelés à domicile (100,2 millions d'euros de chiffre d'affaires en 2000, avec 1 000 salariés). Ainsi, pour sa plate-forme téléphonique de Villeurbanne, qui emploie 90 agents, la société prévoit de recruter une cinquantaine de personnes, malgré des difficultés à trouver les collaborateurs dans ce métier de la vente au téléphone, réputé comme particulièrement difficile et générateur de stress. *« Il s'agit de proposer des commandes d'essai à des consommateurs qui ne sont pas encore nos clients »,* explique Roland Tchénio. Avantage de Toupargel : l'entreprise diffuse des produits alimentaires basiques dont la description est immédiatement compréhensible.

Mais le plus important est à venir prochainement. Toupargel va créer plusieurs centaines d'emplois à l'occasion du lancement, d'ici à la fin 2001, d'une nouvelle activité de livraison de produits frais à domicile.

Pour réussir sa diversification, la société de Civrieux-d'Azergue, dans le Rhône, a construit un entrepôt logistique de 16 000 m^2 à Chalon-sur-Saône, doté de son propre centre d'appels. A terme, le site devrait réaliser un chiffre d'affaires de 150 millions d'euros, soit celui d'un hypermarché moyen. Et Roland Tchénio prévoit de créer 600 emplois d'ici quatre ou cinq ans à Chalon-sur-Saône.

Ce sera d'abord sur la plate-forme de prospection téléphonique. Elle devrait employer quelque 130 téléopérateurs ; ensuite dans les ateliers de préparation de commandes (250 personnes environ) ; enfin, pour la livraison des produits à domicile sous 48 heures, assurée par quelque 250 chauffeurs livreurs. Le site, qui disposera de 3 000 références en épicerie et produits frais, aura ainsi la capacité de traiter plus de 6 000 commandes par jour.

L'objectif est ambitieux et approche les résultats réalisés actuellement dans l'activité surgelés (environ 8 000 commandes par jour) auprès de 350 000 clients « actifs ». Dès 2002, le centre de Chalon-sur-Saône entend bien en fidéliser une partie et séduire une nouvelle clientèle.

Christian Boiron

PDG de Boiron

Votre entreprise est-elle un modèle social ?

Je préfère dire que nous avons « seulement » la volonté d'innover en permanence sur le plan social, comme dans les autres domaines du management en production, recherche, marketing ou administration. Le « capital humain » est une valeur que nous cherchons à optimiser – par exemple, en ne mettant pas la pression sur la durée du travail. « Moins on travaille plus, plus on travaille mieux », car je crois que la quantité nuit à la qualité. De même, il vaut mieux favoriser l'épanouissement que le stress ou l'agressivité. Au bout du compte, le bien-être sert les résultats économiques de l'entreprise, dont le rôle est de fournir avant tout « le meilleur produit ou service au meilleur prix ».

35 heures :

Mais « le modèle Boiron » résulte d'une politique liée à l'aménagement du temps de travail, engagée avant tout le monde

Effectivement, dès 1974, nous avons adopté les horaires souples et, dès 1976, nous avons facilité l'accès au temps partiel pour ceux qui le souhaitaient. Peu à peu, de façon physiologique, le nombre de personnes à temps partiel progresse. Aujourd'hui, il atteint un tiers de l'effectif, avec une présence moyenne de 27 heures par semaine. Il faut souligner que les données individuelles concernant le temps de travail résultent de négociations permanentes entre le salarié et l'entreprise afin d'optimiser la réponse aux besoins spécifiques et évolutifs des deux parties. Toutes ces questions qui touchent au temps de travail donnent lieu, bien entendu, à des accords d'entreprise.

La politique des salaires fait-elle également partie d'un accord-cadre ?

Oui. Depuis 1979, nous avons lié l'augmentation des rémunérations et/ou la diminution du temps de travail, aux performances de l'entreprise dans le domaine des gains de productivité de main-d'œuvre Depuis cette date, toutes les augmentations de salaires, tous les avantages liés aux rémunérations (tickets-restaurant, budget CCE, primes, etc.), toutes les diminutions du temps de travail, ont été décrétés et assumés dans le cadre de cet accord général sur les gains de productivité.

Vous êtes donc favorable aux 35 heures ?

J'étais très favorable à la première loi Aubry comme je suis très défavorable à la seconde. La première était une incitation intelligente, la deuxième une contrainte absurde.

Sur le plan de la retraite, quelle est votre position ?

Au niveau de l'entreprise, nous avons organisé, depuis 1976, un système d'habituation progressive sur une période de trois à six ans, qui représente un sas psychosociologique entre deux mondes assez différents.

Toujours pour ce qui concerne l'entreprise, nous avons lancé depuis deux ans un groupe de réflexion sur la relation entre l'âge et le travail. Ce groupe aboutit aujourd'hui à un ensemble de préconisations qui visent à une meilleure adaptation pragmatique de l'entreprise à l'individu et de l'individu à l'entreprise. Ces adaptations doivent tenir compte de l'évolution respective de chaque personne et de chaque service, par exemple des bilans d'évolution.

Pour ce qui concerne notre pays, je suis convaincu qu'il faut repousser l'âge de la retraite de façon à tenir compte de l'évolution du travail, qui devient chaque jour plus épanouissant et moins asservissant, et de l'évolution de la santé moyenne de la population. Mais là encore, je préférerais un système d'incitation intelligent à un système de contraintes technocratiques.

l'incitation mieux que la contrainte

Bruno Lacroix

Pour Bruno Lacroix, PDG d'Aldes, société lyonnaise spécialisée dans l'aéraulique (700 salariés en France, 400 à l'étranger), « *l'emploi n'est pas un objectif, mais la résultante de l'efficacité de l'entreprise* ». Selon lui, Rhône-Alpes a globalement un niveau d'emploi supérieur à la moyenne nationale en raison de son tissu industriel et tertiaire très diversifié. « *Certains secteurs traditionnels et des zones géographiques ont un tel dynamisme qu'il est difficile d'y recruter* », rappelle-t-il. C'est le cas des transports, du bâtiment, du décolletage en Haute-Savoie, de la plasturgie dans le nord de l'Ain. Ce département figure parmi les exceptions françaises, grâce à son faible taux de chômage.

PDG d'Aldes

Autre exception selon le patron d'Aldes, les 35 heures : « *On va payer cher l'exception française en la matière* », affirme-t-il en déplorant les coûts nationaux, en augmentation sensible sur les marchés internationaux, et la baisse des marges. Les entreprises françaises pourraient-elles compenser par des gains de productivité ? « *Nous les avons utilisés pour répondre aux exigences du marché ; aujourd'hui, nous n'avons plus de marge de manœuvre,* observe ce membre influent du patronat rhônalpin. *La seule solution, c'est la liberté sur les heures supplémentaires* », plaide-t-il. Mais, depuis une décennie, le PDG d'Aldes s'est avant tout impliqué dans l'orientation professionnelle des jeunes, une œuvre de longue haleine qu'il a contribué à faire passer de la théorie à la réalité, d'abord au sein de la fondation Jeunesse Avenir Entreprises, puis dans les instances patronales, avec l'aide du Conseil régional.

Au moins deux actions majeures sont à inscrire à son actif : l'adaptation et la diffusion du logiciel canadien *Choice*, véritable référentiel de choix de métiers interactif pour les collégiens et lycéens rhônalpins ; et la découverte de l'entreprise par des stages d'accueil destinés aux enseignants. « *Ces initiatives portent leurs fruits* », commente Bruno Lacroix. L'outil logiciel et l'accompagnement annexe permettent aux jeunes d'acquérir une base éducative pour « *travailler sur un projet professionnel* ».

En outre, 3 000 professeurs en six ans ont été formés in situ au monde de l'entreprise.

Le chômage en France

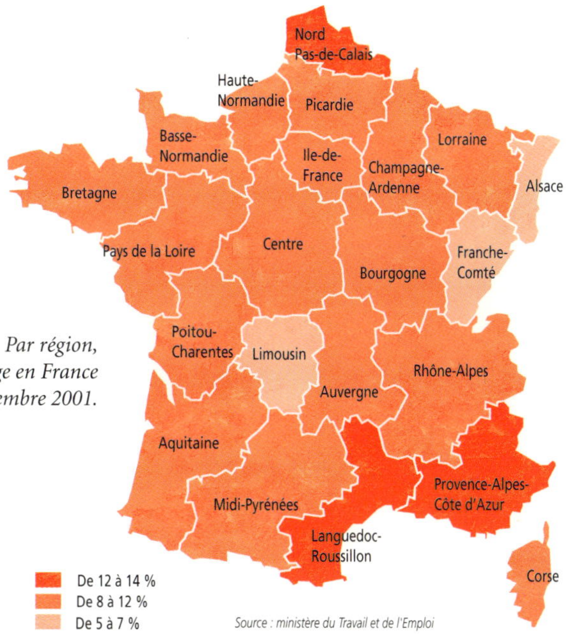

Par région, le taux de chômage en France au 1er septembre 2001.

Plasturgie Centre Est

Plasturgie Centre Est (PCE) regroupe les entreprises de transformation de matière plastique, principalement celles de la « Plastic Vallée », dans l'Ain.
Le dynamisme de cette activité de pointe dans le bassin d'Oyonnax tire le département qui a affiché en 2000 l'un des taux de chômage les plus bas de France (4,9 %). Conséquence : *« Nos entreprises souffrent du manque de compétences »*, regrette Jean-Paul Sabran, directeur général de Plasturgie Centre Est. Le déficit de personnel est estimé entre 3 et 5 % des effectifs des entreprises adhérant au groupement, soit 13 000 salariés sur un total de 20 000 personnes autour d'Oyonnax. Comme un grand nombre de métiers de production, la plasturgie souffre d'un déficit d'image dû à des conditions de travail peu attractives.

Pour remédier à ces problèmes de recrutement et tenter de modifier l'image du métier, Plasturgie Centre Est a lancé une série d'actions. Il s'agit d'abord de promouvoir la profession très en amont, auprès des scolaires, dès la classe de troisième. Chaque année est organisée une « Journée de la plasturgie », au cours de laquelle les collégiens sont accueillis dans les entreprises. Ensuite, le groupement, avec son homologue du GIPRA, a mis en service un camion itinérant qui montre les aspects technologiques de la plasturgie associés à la CAO. Le véhicule circule dans les centres de formation en alternance. Pour les circuits de production, PCE a également créé l'École de management de la plasturgie. Objectif : enseigner l'essentiel de la gestion des ressources humaines au personnel technique d'encadrement et de maîtrise.

Parallèlement, pour lutter contre un turn over important (10 % environ des effectifs), Plasturgie Centre Est a lancé le projet « Piramide » avec plusieurs partenaires, l'ANPE, le Greta, et Aravis. Le concept est destiné à faciliter l'intégration des demandeurs d'emploi. Le programme d'audit et d'accompagnement en entreprise est né après qu'on eut constaté un net décalage entre les besoins de qualification et les recrutements effectivement réalisés.
Aujourd'hui, la profession agit sur tous les fronts pour attirer les candidats dans ses cycles de formation et fidéliser ceux qui, déjà, ont intégré les entreprises : *« Il est essentiel de montrer que l'on peut changer de poste et progresser dans le métier »*, affirme Jean-Paul Sabran.

intéresser les jeunes

Expert Deloitte & Touche

Philippe Vassor
Président

Vous présidez Deloitte et Touche après avoir longtemps exercé dans les Ressources humaines. A la lumière de votre expérience, quel regard portez-vous sur l'emploi aujourd'hui ?

Je pense qu'on doit mettre (ou remettre) le collaborateur au centre de l'organisation du travail. Pour cela, il faut créer dans l'entreprise les éléments d'un dialogue permanent où la relation direction/salarié sera gagnant/gagnant.

Sur quoi doit déboucher le dialogue ?

Il doit permettre au salarié, en contrepartie du travail qu'il fournit, d'être plus fort, plus épanoui, chaque jour mieux formé. L'entreprise doit être capable de lui assurer de la souplesse dans la gestion de ses horaires, de lui déléguer des missions intéressantes, de lui fournir le moyen de maintenir son niveau intellectuel à la qualité optimale.

C'est sans doute une œuvre de longue haleine ?

La valeur d'un salarié, c'est sa compétence, mais son environnement professionnel change vite. Il doit en permanence actualiser ses connaissances. Prenez l'exemple des informaticiens constamment rattrapés par l'évolution des matériels. Ou celui des consultants qui maîtrisaient les SAP, les progiciels de gestion des entreprises il y a encore trois ans : sans renouvellement de leurs acquis, leur savoir-faire n'aurait plus aucune valeur.

Les entreprises ont-elles toutes pris conscience de la nécessité d'évoluer ?

Trop nombreuses sont encore celles qui ne disposent pas des moyens indispensables de dialogue. Nous avons créé à leur intention un outil, « Human capital », une sorte de mode d'emploi pour les aider à optimiser l'offre à leurs collaborateurs. L'entreprise ne propose pas qu'un salaire en face du travail, mais aussi des formations, des horaires adaptés, un salaire différé (prévoyance, retraite). Mettre en œuvre cette offre globale est une façon de fidéliser ses partenaires salariés.

Les récentes lois sociales ont-elles conduit les entreprises à remettre en cause leur organisation ?

Des modifications de comportement, de procédures et de méthodes sont visibles surtout dans les grandes entreprises, qui ont cherché à ce que les emplois soient moins consommateurs de temps. Et pour ne pas trop faire bouger les effectifs, l'accent a été mis sur des choix stratégiques ou des allégements et, bien sûr, sur la productivité. Mais la compétitivité de nombreuses sociétés a été secouée.

Le coup de frein du printemps 2001 au recul du chômage est-il durable ?

Après une embellie sur l'emploi, on a assisté à un ralentissement des affaires, doublé de l'éclatement de la bulle Internet. Le net tirait l'ancienne économie. Celle-ci doit aujourd'hui « atterrir ». Il faudra quelques mois encore pour digérer le retour sur le marché des emplois revenus du net. Quand la purge sera accomplie, l'espoir renaîtra.

Deloitte & Touche

L'unité au-delà des contrastes

Fusions, acquisitions, croissance

Création d'entreprises

Emploi

Attractivité de Rhône-Alpes ▸

Commerce électronique

Mondialisation

Nouvelles technologies

Santé

Sécurité alimentaire

L'attractivité de Rhône-Alpes

Une évolution démographique constante, l'essor des universités, la tenue du G7 qui a mis la lumière sur la capitale rhônalpine, le label de Patrimoine mondial de l'humanité décerné par l'Unesco, autant d'atouts de cohérence d'une région aux aspects géographiques si contrastés. Si des chefs d'entreprise regrettent qu'on ne puisse y attirer autant de cadres qu'ils le souhaiteraient, les signes d'une évolution sont sensibles.

La richesse de la diversité

Rhône-Alpes, terre de contrastes… Entre le nord et le sud de la France, la région assume sans peine les caractéristiques d'un territoire marqué par l'extrême diversité de ses paysages : des sommets enneigés du massif alpin aux premiers contreforts des Cévennes ardéchoises, et des coteaux verdoyants du Beaujolais aux collines de la Drôme provençale. Contrairement à d'autres identités régionales très affirmées et cohérentes, le vaste espace rhônalpin (5,7 millions d'habitants, 44 000 km^2), deuxième région de France, affiche avant tout une unité administrative renforcée par les lois de décentralisation.

Par le passé, ces terroirs variés ont trouvé un débouché commun : la cité lyonnaise, sacrée capitale gastronomique, vers laquelle ont convergé des produits issus d'une agriculture riche et des multiples formes d'élevage. En outre, sa situation naturelle privilégiée a fait de Rhône-Alpes, à travers la percée de la Saône et le couloir rhodanien, une région d'accès facile et un axe de communication propice au développement industriel. En 1837, on y a construit la première ligne de chemin de fer pour acheminer le charbon de Saint-Étienne à Lyon.

Aujourd'hui, Rhône-Alpes réussit à concilier la préservation de son environnement, notamment avec six parcs naturels régionaux – un record en France – et le développement économique. Une « qualité de la vie » qui est sans aucun doute une force pour séduire les investissements étrangers et décentralisés depuis Paris.

Aux activités historiques (le textile, très orienté vers les tissus techniques, la chimie et la pharmacie, la mécanique, l'agroalimentaire, etc.), il faut désormais ajouter l'électronique et les composants – filières grenobloises par excellence –, les technologies de l'information et de la communication, les jeux vidéo, les transports et la logistique, le tourisme à la troisième position en France, etc.

Dotée d'un réseau de PME industrielles au maillage très fin, la région Rhône-Alpes offre également une vaste palette de services aux entreprises en informatique, conseil, télécom, travail temporaire, centres d'appels ou en communication. Autant de facteurs en faveur de Rhône-Alpes, qui a créé beaucoup d'emplois en 2000 (+ 6 %) et compte l'un des plus faibles taux de chômage de France (7,7 %).

Première Vision

De son poste de PDG de Première Vision, salon vitrine de l'industrie textile européenne, Daniel Faure observe en connaisseur les atouts de la région Rhône-Alpes. Dirigeant d'un des plus puissants organismes de promotion, il mesure aussi toutes les retombées d'une activité où Rhône-Alpes pèse de tout son poids dans le premier salon mondial des tissus d'habillement, avec quelque 800 exposants et 40 000 visiteurs professionnels, dont 30 000 étrangers. « *Pour les Italiens et les Japonais, Première Vision est avant tout le salon des Lyonnais, particulièrement des soyeux lyonnais,* remarque Daniel Faure. *Après le salon de Paris, les visiteurs et clients japonais poursuivent leur voyage vers deux villes : Milan et Lyon.* »

Dans le secteur qui a fait leur richesse passée, Rhône-Alpes et Lyon n'ont certes plus l'aura d'antan, en raison de l'apparition de salons concurrents, des délocalisations et de la transformation de l'activité vers les marchés de marques.

Néanmoins, « *la visite des clients auprès de leurs fournisseurs régionaux reste incontournable* », remarque Daniel Faure, qui a aussi été PDG des Rubans Julien Faure à Saint-Étienne. Visite d'autant plus incontournable qu'elle se nourrit d'une étape gastronomique très prisée…

Pour cet expert du textile, la filière rhônalpine reste unique en Europe par sa capacité de traitement complète, de la création de la fibre à sa finition, en passant par sa transformation. En outre, il décèle dans la région une résistance évidente à la crise qui a affecté la filière, notamment grâce à la production du haut de gamme de marques et des textiles techniques (médicaux, verre tissé, etc.).

Créée à Lyon en 1974 à l'initiative de Robert Brochier, Première Vision n'a pas échappé, quelques années plus tard, à la sphère d'attraction parisienne. Et aujourd'hui, seul le site de Villepinte offre les conditions suffisantes (100 000 m²) à la mesure de l'événement qui réalise un chiffre d'affaires de 200 millions de francs et emploie 40 permanents, dont 30 au siège de Lyon et 10 à Paris.

Salon dans la soie

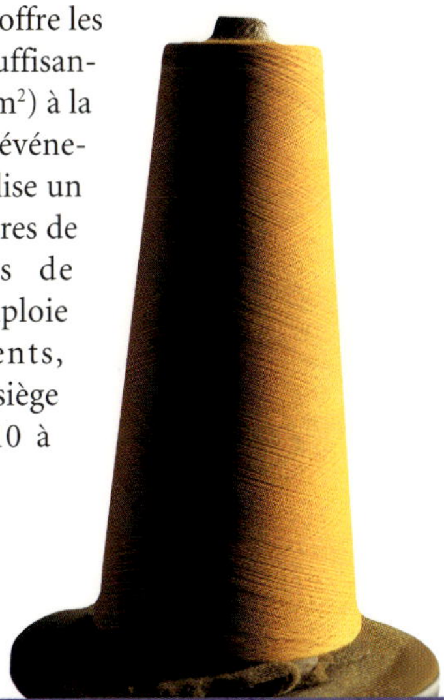

Régis Neyret

Régis Neyret, ancien directeur de l'hebdomadaire économique *Bref Rhône-Alpes*, déploie aujourd'hui une intense activité comme président de Patrimoine rhônalpin, qui regroupe 250 associations. A 74 ans, ce « pur produit » du Dauphiné et du Forez garde un œil sur les trésors du terroir et l'autre sur la vie des entreprises.
« *L'attractivité de la région se découvre à travers deux pôles économiques qui ont toujours porté la région au niveau international – l'agglomération Lyon-Saint-Étienne et Grenoble –, et un pôle touristique, les Alpes* », observe Régis Neyret. En même temps, selon lui, Rhône-Alpes a longtemps souffert de la mauvaise image de Lyon, cité industrieuse refermée sur elle-même. « *La capitale rhônalpine est en train d'achever sa mutation entamée depuis quinze ans, elle change d'image* », reconnaît-il.
Les signes en sont nombreux. Ils ont de quoi perturber les amateurs de clichés sur les « bouchons » du tunnel de Fourvière et du couloir de la chimie : l'évolution démographique, l'essor de la population étudiante (110 000 inscrits), les lumières et les couleurs de la ville, balisent un parcours couronné par la tenue du G7, les sept pays les plus riches du monde, et le label de Patrimoine mondial de l'humanité décerné par l'Unesco. Cette tendance encourageante est aussi illustrée sur le plan culturel par les changements à la tête des grandes institutions : « *Huit directeurs nommés en trois ans dans dix établissements sont*

Président de

d'origine étrangère. C'était impensable auparavant, car aucune pointure n'aurait accepté de venir à Lyon », se réjouit le président de Patrimoine Rhônalpin.

Autre atout local, selon lui, « *leur sens de l'adaptabilité considérable* » permet aux Lyonnais d'évoluer à la pointe de l'innovation : « *Berliet s'est créé en embauchant comme mécaniciens une quarantaine de canuts ; aujourd'hui, les dessinateurs sur soierie trouvent des débouchés dans l'industrie des jeux et des images virtuelles* », explique Régis Neyret. Intarissable sur le sujet du développement de l'Ain grâce à Lyon et Genève, sur les lacs d'Annecy et des Savoies – « *les plus grands de France* » – et sur le pôle œnologique régional, il n'oublie pas le leadership de la filière électronucléaire, le dynamisme technologique de Grenoble avec sa future villa Médicis de la Recherche, et l'avenir de Saint-Étienne, ville de savoir-faire, tournée vers Lyon.

« *Rhône-Alpes va s'affirmer en Europe en profitant d'un double phénomène : le développement de l'Union européenne et l'affaiblissement de Paris.* »

La population française

Classement par région, après le recensement de 1999.

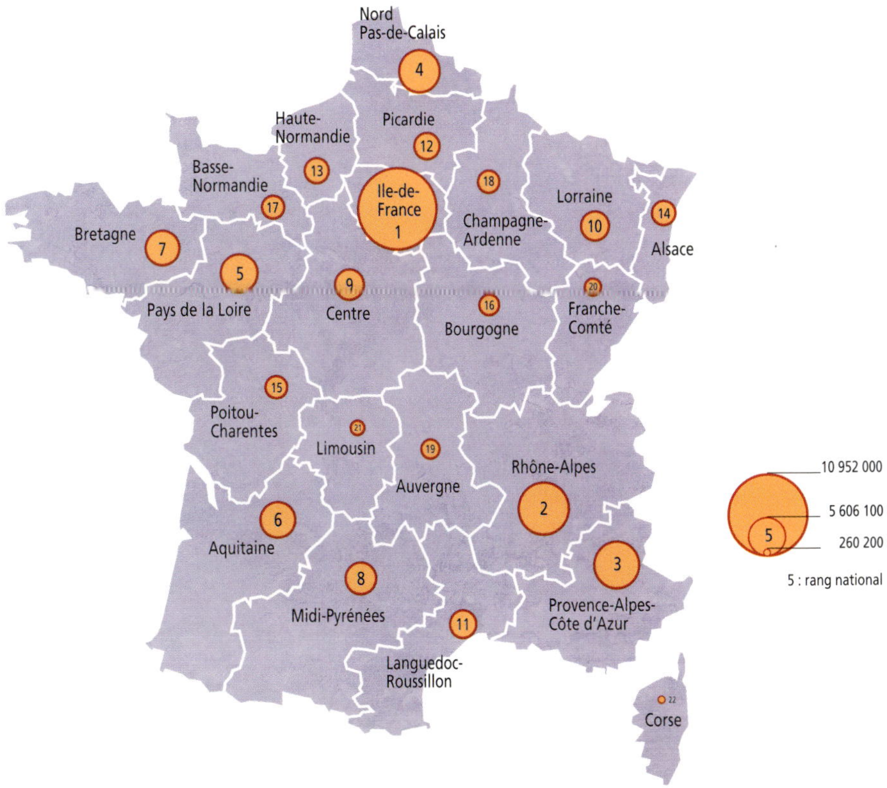

Patrimoine rhônalpin

Thierry de la Tour d'Artaise

PDG de SEB

Pour un groupe d'envergure internationale comme SEB, y a-t-il des inconvénients à avoir son siège social à Lyon, notamment par rapport à ses grands clients étrangers ?

L'extrême centralisation est réellement une exception française. L'implantation de nos centres de décision à Lyon n'est absolument pas un handicap pour nos partenaires de l'étranger, qui n'ont pas la même vision que nous. Aux États-Unis, les sièges de nos grands concurrents sont installés ailleurs qu'à New York, et nos filiales sont implantées hors des capitales sans que cela pose le moindre problème. En 1975, SEB a transféré son siège de Bourgogne à Lyon, et nous y sommes très bien, à proximité de nos sites de production – Calor dans la région lyonnaise et Téfal à Rumilly.

Et dans votre fonctionnement quotidien ?

Il y a une très forte proximité avec Paris où, effectivement, beaucoup de choses se passent, notamment pour les relations bancaires, avec nos partenaires financiers et analystes, nos grands clients. Mais notre siège mondial est situé à Lyon/Écully, avec les grandes fonctions corporate et surtout une gestion décentralisée : nous sommes donc souvent en France où nous avons huit sites de production, et à l'étranger où nous réalisons 75 % de notre chiffre d'affaires. Je me rends à Paris en moyenne tous les 15 jours. Je ne passe pas ma vie dans le TGV !

Quel regard portez-vous sur les infrastructures régionales ?

Du fait de sa situation de carrefour européen, la région Rhône-Alpes bénéficie de tous les équipements nécessaires, notamment avec l'aéroport Saint-Exupéry, qui assure de bonnes dessertes vers l'Europe, en direction de Francfort et Londres. En revanche, de notre point de vue, font défaut les connexions directes avec les autres continents, vers le Brésil et l'Asie où nous sommes très présents.

Bien entendu, je regrette l'arrêt de la liaison avec New York. Cela dit, nous recevons sans difficulté à Lyon nos clients étrangers qui ont l'habitude de venir de Boston ou de Cleveland. D'une façon générale, j'ai perçu parmi mes contacts une montée de la notoriété de Lyon liée à l'effet G7 et au label Patrimoine mondial de l'Unesco. Nos partenaires viennent découvrir avec plaisir à Lyon, une belle ville à proximité de la montagne et du ski.
On souligne souvent le manque de capacité hôtelière de Lyon, qui contraint à « s'expatrier ». Or, la perception d'éloignement peut être très relative : je me souviens d'une grande société qui avait retenu 1 000 chambres dans un rayon de 80 à 100 kilomètres pour ses congressistes à l'occasion d'une convention à Los Angeles !

Quels sont, selon vous, les principaux atouts de la région ?

Ils sont nombreux sur le plan économique. La notion de carrefour européen que j'évoquais permet de bénéficier d'une excellente logistique pour la livraison des produits et donc d'alimenter des compétences industrielles et un tissu très dense de sous-traitants. C'est une grande force de la région, avec ses centres de compétences en recherche et formations, notamment à Lyon et Grenoble. Ce haut niveau d'activité industrielle et économique enrichit un bassin d'emplois très porteur et propice à la mobilité et aux reclassements professionnels. Ce qui contribue aussi à un équilibre de vie dans une région très agréable.

Et les faiblesses ?

Concernant notre activité, je regrette les problèmes rencontrés par nos managers pour leurs déplacements à l'étranger et la perte de temps subie à l'occasion des inévitables réunions qui se tiennent à Paris. J'ai aussi quelques difficultés à faire venir s'installer à Lyon des cadres de très haut niveau. Mais tout cela est largement compensé : à Lyon, on est moins stressé et on travaille mieux !

Jean-Marc Prot

« *L'attractivité de Rhône-Alpes est réelle et lui permet d'avoir de grandes ambitions. Malheureusement, les moyens mis en œuvre ne sont pas toujours à la hauteur* », observe Jean-Marc Prot, PDG de Distriborg (265 millions d'euros de chiffre d'affaires, 750 salariés), société spécialisée dans la distribution de produits diététiques, biologiques et de compléments alimentaires. Ce Lyonnais, prêt à vanter « *les atouts d'une formidable région* » à laquelle il est très attaché, met cependant un bémol pour des raisons professionnelles. D'abord, sur les capacités limitées d'hébergement et d'accueil : « *Lors des rencontres internationales, on se heurte à une offre hôtelière insuffisante pour des budgets moyens, alors que le haut de gamme est abondant.* »

Autre difficulté : les liaisons routières vers les grands équipements de l'aéroport Saint-Exupéry et d'Eurexpo. « *Le but du service, en termes d'accès et de parking, nécessite de façon évidente des améliorations* », dit-il, en se déclarant partisan de la mise en place d'un RER vers l'aéroport de Lyon et en s'interrogeant sur l'existence d'une gare TGV déserte.

« *L'idée d'une plate-forme régionale à Saint-Exupéry est excellente et le réseau des liaisons vers l'Europe tout à fait performant* », reconnaît le PDG de l'entreprise récemment entrée dans le giron du hollandais Wessanen. Cet aspect des choses compte pour les cadres de Distriborg, amenés à se déplacer dans les douze sociétés implantées dans cinq pays. En outre, le groupe a pour objectif prioritaire de se développer vers l'Europe du Sud, ce qui va conduire à de nombreux déplacements.

Autre atout pour Distriborg : « *Rhône-Alpes attire un encadrement de qualité et d'expérience. Nous n'avons pas de difficulté à recruter* », note Jean-Marc Prot. « *Les cadres peuvent y concilier une qualité de la vie et le déroulement de leur carrière.* »

Ultime confidence : « *Nos collègues parisiens nous jalousent* », s'amuse Jean-Marc Prot, qui goûte la proximité de Paris à deux heures en TGV de Lyon. Et sans doute beaucoup plus la possibilité de rejoindre la mer ou la montagne à peu près dans le même laps de temps.

PDG de Distriborg

Expert
Deloitte & Touche

Éric Chuillat
Responsable Marketing et Communication
Rhône-Alpes

Rhône-Alpes, territoire multiple, est-elle devenue une région homogène ?

Née de la diversité et de la variété de ses territoires, la région Rhône-Alpes a su devenir très vite cohérente et profiter de ses ressources pour se classer aujourd'hui dans les régions européennes les plus actives et dynamiques. Véritable trait d'union entre le nord et le sud de l'Europe, la région Rhône-Alpes bénéficie d'une situation exceptionnelle, avec la proximité de la Méditerranée et des Alpes.

Sur quelles lignes peut se faire son unité ?

Rhône-Alpes présente effectivement un territoire contrasté, une grande variété de paysages : diversité des Alpes, de la Drôme, de l'Ardèche, de la vallée du Rhône, du Lyonnais, du Beaujolais. Mais elle bénéficie d'infrastructures importantes, avec un réseau ferroviaire dense incluant les lignes TGV, avec des aéroports, des liaisons autoroutières nombreuses, sans parler du « capital » des hôpitaux, écoles, universités, centres de recherche, jouant l'alternative idéale avec Paris et l'Ile-de-France.

Et sur le plan économique ?

La chance de notre région est de pouvoir assurer son développement tout en maintenant son équilibre entre dynamisme économique et qualité de vie. Les grandes villes comme Lyon, Saint-Étienne, Grenoble, Chambéry, Valence ou Bourg-en-Bresse, ont su conserver un agrément de vie et devenir des acteurs importants de l'économie européenne. Toutes ces grandes métropoles ou villes se retrouvent régulièrement en tête des classements des cités où il fait bon vivre.

Quels attraits peut présenter Rhône-Alpes ?

Le prix de l'immobilier (dans les grandes agglomérations urbaines, il est environ inférieur de moitié à l'Ile-de-France) et le cadre de vie expliquent entre autres l'attirance croissante exercée par notre région. Elle paraît l'équilibre idéal entre activité de la vie professionnelle et harmonie de la vie privée. Le tissu économique est dense et performant et se compose d'acteurs de premier choix dans de nombreux secteurs, comme la santé et les grands laboratoires, les pôles de recherche scientifique, les industries agroalimentaires, le textile, l'informatique ou les biotechnologies.

Il fait donc bon y travailler et y vivre…

La région surpasse toujours la moyenne française des indices de création d'entreprises et de taux de population active. Elle favorise de plus en plus régulièrement l'implantation de pôles technologiques, de grandes entreprises étrangères et de sièges mondiaux pour des institutions comme Euronews, Interpol, le Centre de recherche contre le cancer.

Enfin les activités culturelles, sportives et artistiques restent créatrices et dynamiques : opéras, théâtres, musées, gastronomie, vins, et contribuent largement au rayonnement de la région Rhône-Alpes et de son art de vivre.

Deloitte & Touche

Après l'observation, les premiers succès

Fusions, acquisitions, croissance

Création d'entreprises

Emploi

Attractivité de Rhône-Alpes

Commerce électronique ▸

Mondialisation

Nouvelles technologies

Santé

Sécurité alimentaire

Le commerce électronique

Pionnière dans les initiatives du commerce électronique prises par la grande distribution, Rhône-Alpes voit petit à petit s'installer les transactions entre producteurs et consommateurs de base, et plus seulement entre industriels. Si certains tâtonnent encore, d'autres connaissent déjà de sérieuses réussites. Ce type de vente va forcément décoller, notent les observateurs, pour qui trop d'entreprises encore se contentent de mettre leur catalogue en ligne au lieu d'utiliser la dynamique du vecteur.

Une région pionnière

En Rhône-Alpes, l'agglomération lyonnaise – et ses 1,3 million d'habitants – a été la première à expérimenter les initiatives de commerce électronique lancées par la grande distribution. Avec les sites Cmescourses.com pour le groupe Casino, puis ooshop pour Carrefour, et après hourra.fr (Cora), le « business to consumer » a fait la preuve de sa volonté d'imposer ce nouveau canal de vente auprès du grand public. D'autres acteurs locaux, spécialisés ou non, se sont aussi lancés dans la vente sur Internet : le site Top Achat, né dans le giron de la société lyonnaise Ixo, le libraire Decitre, sur le créneau de la proximité, ou le grenoblois kelkoo, comparateur de prix, illustrent l'aventure pérenne du « BtoC », qui a particulièrement réussi au niveau national dans certains secteurs d'activités (tourisme, transports, etc.). « *Le commerce électronique va obligatoirement décoller* », affirme Thierry Ehrmann, PDG du groupe Serveur, « *parce qu'il offre un autre avenir que de pousser son chariot le samedi après-midi dans un hypermarché !* » Il y a donc une vie pour la vente au grand public sur Internet, et pas seulement dans le « business to business » entre partenaires industriels, souvent considéré comme très en pointe.

Alors, le commerce électronique est-il efficace ? Pierre Carde, directeur d'Infocité à Lyon, regroupement de 150 sociétés des technologies de l'information et de la communication, apporte une réponse nuancée : « *Les entreprises ont passé le stade du site vitrine pour mettre leur catalogue en ligne. C'est souvent de l'aide à la vente, mais pas forcément une démarche commerciale* », note-t-il. Une récente étude, réalisée auprès de 1 500 PME par la société de marketing CoSpirit, à Lyon, confirme ce diagnostic : « *L'Internet dans les PME offre un paysage contrasté, avec une réelle dynamique insufflée par les patrons.* » Près de la moitié des PME françaises sont connectées à Internet ; cependant, les très petites entreprises sont en retard, tandis que les PME de plus de 50 salariés bénéficient d'un fort équipement. Deux tiers des PME vont s'orienter vers le haut débit (ADSL), signe d'un fort taux d'utilisation de l'Internet. « *Internet n'est plus considéré comme un gadget réservé aux "grandes", mais comme un outil qui contribue non seulement au développement commercial, mais aussi à la performance interne de la PME* », note l'étude.

Thierry Ehrmann :

Internet

« Internet donne une visibilité mondiale d'un marché mais ne modifie pas le périmètre naturel de la clientèle d'une entreprise », affirme Thierry Ehrmann, un pionnier du système. Pour le patron du groupe Serveur et d'Art Price.com, le commerce électronique ne peut pas faire des miracles : *« C'est un phénoménal accélérateur, ce n'est pas une baguette magique. »* Autre caractéristique, Internet est, selon lui, *« le plus fabuleux réseau de distribution de la matière première numérique, et donc des produits dématérialisables »*.

Ainsi, le commerce électronique favorise la vente d'informations – spécialités des deux sociétés lyonnaises –, de logiciels, de jeux, etc. Mais pas seulement. Pour les pays en développement qui veulent s'adresser aux industrialisés, l'e-commerce est également un précieux atout : *« A Madagascar ou ailleurs, une cellule de commande sur Internet offre un potentiel de prospection énorme à une entreprise ou à une coopérative qui ne disposent pas des forces commerciales nécessaires pour exporter. »*

Pour Thierry Ehrmann, Rhône-Alpes a un parti extraordinaire à tirer du commerce électronique : *« Nous sommes dans une région très fortement exportatrice, avec une culture qui, a priori, ne peut que faciliter le recours à Internet sur les marchés extérieurs. »* Là encore, les nouvelles technologies ne dispensent pas de connaître l'environnement de l'export : les documents douaniers, les différents protocoles et systèmes fiscaux ou autres, liés aux pays d'exportation, ainsi que les langues étrangères.

Parallèlement, la recherche d'informations (veille, fournisseurs) sur Internet, liée au commerce électronique, nécessite un véritable savoir-faire dans le maquis des sites professionnels et autres places de marché : *« Un habitué des moteurs et des comparateurs de recherche met un quart d'heure à trouver une information là où il faut une demi-journée à un internaute lambda »*, indique Thierry Ehrmann. Concernant les places de marché et l'échec de quelques start-up lyonnaises dans le secteur, il estime que l'erreur incombe à leurs promoteurs : *« Il est inutile de réinventer l'eau chaude, c'est du temps perdu ; il faut chercher les compétences là où elles sont déjà. »*

Un accélérateur

Éric Jacquet

PDG de Jacquet Industries

Pourquoi Jacquet Industries s'est-il autant investi dans le commerce électronique avec la place de marché anysteel.com ?

Parce que l'Internet se développe et qu'il constitue dans notre secteur une solution d'avenir incontournable. Ce constat, que nous avons fait il y a deux ans, nous a donc conduits, avec des partenaires professionnels – notre homologue en Corée et un ancien dirigeant d'Usinor –, à créer anysteel.com. Cette place de marché s'adresse aux distributeurs et utilisateurs d'acier d'Europe, d'Asie et d'Amérique latine ; elle propose également des outils et stratégies Internet totalement adaptés au marché de distribution de l'acier, par exemple avec le Steel TechCenter qui présente des informations techniques sur 18 000 nuances d'acier en un seul clic.

Quel est l'intérêt d'une telle place de marché ?

Elle permet d'avoir accès à une offre mondiale pour des dizaines de milliers de clients qui passent des petites et moyennes commandes de 1 000 euros environ. Anysteel ne s'adresse pas aux grands constructeurs automobiles, qui négocient en direct avec leurs fournisseurs. Disons que la place de marché peut rassembler environ un millier de stockistes distributeurs de tôles non transformées, ce qui représente des millions de transactions mensuelles. Pour éviter les coûts de transport et être rentables, les opérations doivent s'effectuer par grandes zones géographiques. En revanche, Anysteel peut être intéressant au niveau mondial pour les fabricants de tôles découpées et fonds bombés à valeur ajoutée.

Malgré tout, Anysteel est aujourd'hui en attente. Comment expliquez-vous qu'il n'ait pas réussi comme prévu ?

La place de marché a eu du mal à démarrer pour trois raisons principales : la réticence à ce nouveau canal commercial dans les pays de l'Europe du Sud, où le contact humain compte beaucoup ; ensuite, les acheteurs ont pu se sentir frustrés par ce système électronique en rupture avec les négociations pratiquées dans le métier ; enfin, nous avions une divergence de stratégie avec notre partenaire coréen sur le développement de la place de marché. Anysteel a fonctionné près d'un an et la société va être arrêtée. Notre ancien partenaire va poursuivre l'expérience en Corée, tandis que nous allons créer notre propre place de marché.

Sous quelle forme ?

Notre système, prévu pour 2003, ne sera pas très différent dans son principe de celui d'anysteel.com. Mais, aujourd'hui, nous y voyons plus clair et notre projet est totalement maîtrisé. Il est conçu pour optimiser les procédures de vente et d'achat des distributeurs et multiplier leurs opportunités commerciales tout en diminuant les coûts marketing. Quant aux acheteurs, il nous faudra les convaincre que la place de marché électronique les libère d'un travail lourd et peu gratifiant sur les petites et moyennes commandes et leur permet de mieux travailler à d'autres types de produits plus importants. Enfin, sur le plan informatique, le logiciel Jacquet compatible permet de simplifier les procédures complexes et les nombreuses interfaces qui existaient sur Anysteel. Nous allons procéder en deux étapes : courant 2002, nous allons développer notre site de commerce électronique, grâce auquel les clients pourront s'informer sur notre stock et acheter s'ils le souhaitent. Ensuite, nous proposerons à nos collègues distributeurs-stockistes et/ou fabricants de nous rejoindre pour créer une place de marché qui deviendra la leur. Cette proposition concerne une dizaine de sociétés sur moins d'une trentaine.

Decitre

Les librairies Decitre (huit magasins en Rhône-Alpes) ont lancé leur commerce en ligne en septembre 1999. Depuis, Decitre.fr n'a cessé d'améliorer ses services aux utilisateurs et a réalisé récemment la troisième version de son site proposant une consultation plus facile et plus conviviale.

La société s'était préparée à Internet avec la numérisation du catalogue du libraire en ligne BOL. « *Cette expérience nous a beaucoup servi pour réussir le lancement de notre site* », commente Pierre Decitre, PDG-fondateur de l'entreprise.

Au total, Decitre a investi plus de cinq millions de francs dans la création de son site, qui s'adresse à la fois au grand public et aux professionnels rhônalpins.

5 000 livres vendus par mois

Et ça marche ! Depuis le printemps 2001, Decitre.fr vend environ 5 000 livres par mois, soit trois fois plus que pendant l'année 2000. Il utilise les magasins comme base logistique pour les livraisons de livres effectuées à domicile. Autre possibilité très utilisée : la commande avec mise à disposition des livres dans l'un des huit magasins (sous 24 à 72 heures) et paiement lors du retrait. La base de données du site compte 500 000 références dont plus de 100 000 titres de livres et de CD-Rom disponibles sur stock immédiatement. Par ailleurs, Decitre édite une lettre d'information personnalisée, *Vigilibris*, adressée gratuitement aux abonnés pour les informer des nouveautés publiées dans la semaine. Enfin, le site comporte une entrée spécifique, avec mot de passe et identifiant, pour les professionnels (bibliothèques, entreprises) qui bénéficient de services spécifiques (devis en ligne, téléchargement de notices bibliographiques).

Après deux années d'existence, Decitre.fr devrait réaliser en 2001 un chiffre d'affaires de 7 millions de francs (1,06 million d'euros), soit 3 % du chiffre d'affaires total de Decitre (232 millions de francs, 35,37 millions d'euros). Tout indique que, pour le futur, le site devrait connaître une fréquentation accrue avec une rentabilité améliorée puisque les investissements informatiques les plus lourds ont tous été réalisés. En outre, Decitre multiplie les partenariats avec la presse et les éditeurs afin de développer sa notoriété.

Les terminaux téléphoniques dans le monde

Marché annuel des infrastructures de télécommunications dans le monde, en millions de dollars. Source : MEITO

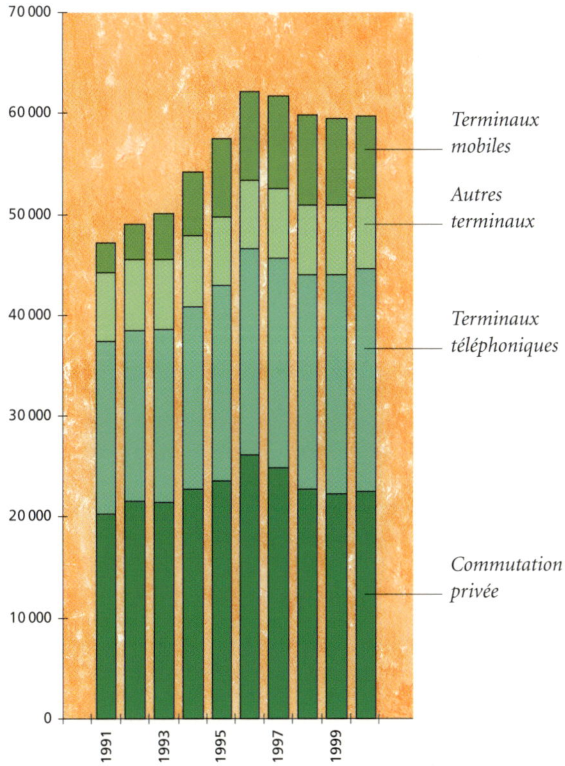

Emin-Leydier

Pack in Line est le nom de la place de marché lancée à l'initiative d'Emin-Leydier, troisième producteur français de carton (267 millions d'euros de chiffre d'affaires, 1 050 collaborateurs). Ce site encore balbutiant est spécialisé dans les emballages tous matériaux, incluant tous leurs produits dérivés (bouchons, étiquettes, étuis, etc.), soit un potentiel de fournisseurs représentant des dizaines de milliers d'entreprises. Dans le cadre de sa réflexion sur une stratégie e-business, Emin-Leydier a écarté rapidement l'idée de réaliser son propre site marchand : *« Il n'avait pas d'intérêt pour vendre nos emballages »*, observe Philippe Leydier, président du directoire d'Emin-Leydier. En revanche, le concept de place de marché, moins chère à réaliser et mieux adaptée à l'attente des fournisseurs et clients, s'est imposé comme un modèle économique plus rentable.

Emin-Leydier prévoit d'investir au total près de dix millions d'euros d'ici à 2004 et, à cette date, de dégager le premier résultat positif. Les recettes proviendront principalement d'honoraires fixes sur les prestations (mises en ligne de l'appel d'offres, réponses, services associés, etc.).

Pour l'heure, le site est toujours en phase de construction et mobilise une équipe de sept personnes, cinq techniciens et deux commerciaux chargés d'assurer sa promotion. Cette période de mise en place, commencée en octobre 2000, s'est révélée plus longue que prévu en raison de problèmes informatiques et logiciels. Pour assurer le lancement commercial de Pack in Line, ses promoteurs misent sur une totale indépendance du site par rapport à Emin-Leydier. *« Nous nous engageons à l'absence totale de lien entre Pack in Line et Emin-Leydier »*, souligne Philippe Leydier. Selon lui, la meilleure garantie d'indépendance est que d'autres industriels du secteur entrent au capital de Pack in Line. En attendant, un groupe de conseil et de surveillance rassemble cinq industriels leaders dans les métiers de l'emballage et de la logistique, afin de veiller au développement le plus attractif possible du site.

Internet dans les cartons

Expert Deloitte & Touche

Bernard Desprez et Bertrand Marc

Associés

Comment expliquer les déboires constatés ici ou là dans l'e-commerce ?

Poussées par l'environnement concurrentiel, des entreprises se sont lancées dans le bain sans trop se poser de questions en termes de retour sur investissement. Certaines en avaient les moyens. Mais ce n'était pas le cas de toutes les PME. Or, s'investir dans ce secteur, comme dans tout canal de distribution, représente un coût : création d'un catalogue électronique, intégration du site dans le système d'information de l'entreprise, refonte de certains processus internes pour assurer la gestion des commandes prises en ligne.

Les bouleversements ont-ils ouvert les yeux des entrepreneurs concernés ?

Les crashs du printemps ont permis de revenir à des schémas mieux connus. Toutes les entreprises ont compris aujourd'hui que la Net économie ne fonctionnait pas toujours selon les critères rationnels du monde des affaires. Elles doivent développer des stratégies requérant de nouveaux savoir-faire, intégrer de nouvelles technologies, résoudre des problèmes de logistique, mettre en place un accompagnement de leurs collaborateurs et de leurs clients. Quoi qu'il en soit, les déboires de nombreux sites ont amené les entreprises à plus de réflexion et de prudence.

Faut-il chercher des raisons techniques aux échecs passés ?

La progression de l'e-commerce reste lente. Cela tient à plusieurs raisons. L'équipement des ménages en micro-ordinateurs demeure faible. Des inquiétudes persistent sur la sécurité des paiements. La qualité et la rapidité du réseau peuvent être considérées comme moyennes, voire discutables. Tout le monde attend le haut débit. De plus, il faut compter sur la spécificité française du Minitel, encore largement utilisé pour de nombreuses transactions. Enfin, certains standards sont encore trop nationaux, tel le Wap en France. L'infologistique, le service au client, ne suit pas encore de façon assez fiable. Côté B2B, la progression est en revanche plus marquée, en réponse aux politiques d'achat des grandes entreprises qui, pour 80 % d'entre elles, auront déployé une solution d'e-procurement en 2002.

Les désillusions constituent-elles un risque de blocage durable ?

Il faut sans doute davantage s'attendre à un développement du système par un traitement « traditionnel », via des entreprises assises, qu'à un nouveau développement des start-up. On assiste à un retour des modèles de fonctionnement économique qui ont fait leurs preuves. Et l'intérêt de l'innovation n'est pas remis en cause : Internet devient un moyen de rendre l'ensemble des activités plus efficaces et parfois d'imaginer de nouveaux business models, comme les enchères ou les jeux en ligne.

Deloitte & Touche

Rhône-Alpes dispose de tous les atouts pour faire face à l'économie mondiale

Fusions, acquisitions, croissance

Création d'entreprises

Emploi

Attractivité de Rhône-Alpes

Commerce électronique

Mondialisation ▸

Nouvelles technologies

Santé

Sécurité alimentaire

La mondialisation

L'attractivité du poumon bordé par les Alpes et la vallée du Rhône n'est plus à démontrer. Pendant plus de quinze ans, le poids de l'économie et de la population active de la région Rhône-Alpes a représenté 10 % de celui de la France. Tout récemment, il s'est accru de deux points. Lyon souhaite même devenir une véritable métropole européenne, y compris en s'opposant au centralisme parisien.

Avec une véritable métropole européenne

Située à l'exact point d'équilibre entre classicisme et innovation, la région Rhône-Alpes est entrée assez naturellement dans l'ère de la globalisation. Forte de ses secteurs traditionnels (métallurgie, plasturgie, mécanique, textile) et de ses fleurons de la biotechnologie, de la santé et de l'informatique, elle semble avoir tous les atouts pour faire face à la nouvelle économie mondiale. Son pôle high-tech de Grenoble, composé d'instituts et de centres de recherche, de grandes entreprises, d'universités de pointe, de fonds d'amorçages spécialisés, son tissu économique lyonnais particulièrement diversifié, et son pôle industriel renaissant de Saint-Étienne et Roanne font d'elle une région équilibrée assez unique. Une photographie qui n'a pas échappé aux investisseurs, aux grands comptes et aux ressources humaines.

Pendant plus de quinze ans, la région Rhône-Alpes a représenté 10 % de la France en termes de poids économique et de population active ; depuis peu, ce taux a gagné deux points. L'attractivité du poumon bordé par les Alpes et la vallée du Rhône n'est plus à démontrer. En 2000, quelque 55 entreprises se sont implantées sur ce territoire, créant 1 600 emplois nouveaux. Robert Maury, directeur exécutif de l'Agence pour le développement économique de la Région lyonnaise (ADERLY), est persuadé que Rhône-Alpes est en bon ordre de marche pour se positionner dans le courant mondialiste. *« Le développement du tourisme d'affaire (congrès, salons, expositions), par exemple, va aussi contribuer à mettre la région en mouvement ; pour accompagner ces évolutions, elle devra multiplier ses infrastructures routières, logistiques et hôtelières. »*

Aujourd'hui, Lyon, qui souhaite être propulsée au rang de métropole européenne, est partie en guerre contre le centralisme parisien. *« Comme Manchester ou Düsseldorf, la capitale des Gaules émerge sur l'échiquier européen »*, se réjouit Robert Maury, farouche défenseur de tous projets qui peuvent contribuer au rayonnement international de la capitale rhônalpine.

Pierre-Alain Muet

ancien conseiller économique de Lionel Jospin adjoint au maire de Lyon chargé de l'économie

« *Lyon est un carrefour historique de l'Europe qui devrait, dans les vingt prochaines années, prendre toute sa dimension avec l'arrivée des nouvelles grandes infrastructures autoroutières et ferroviaires, comme les TGV Lyon-Barcelone et Lyon-Milan.* » Convaincu que Lyon doit jouer sur sa position géographique pour se placer en harmonie avec ses homologues frontalières sur l'échiquier européen, Pierre-Alain Muet, l'homme discret aux côtés de Gérard Collomb, le nouveau maire socialiste de la capitale des Gaules, a dessiné un projet pour l'agglomération à la hauteur de son ambition.

Sa stratégie : insérer de la cohérence dans le développement économique de la ville. D'abord en reliant par une voie de chemin de fer rapide (un RER par exemple) l'aéroport de Saint-Exupéry au palais des expositions (Eurexpo), au quartier des affaires de la Part-Dieu et aux salles de congrès de la Cité internationale.

Pour la nouvelle municipalité, avec l'avènement de l'union monétaire la compétition entre les nations va se reporter sur les villes, qui doivent ainsi se structurer pour sortir du lot. « *Nous allons revivre l'Italie du XVIe siècle, où les villes étaient prédominantes sur les États* », ne cesse de répéter Gérard Collomb, qui a bien compris que le rayonnement international de Lyon passera aussi par la reconnaissance de sites emblématiques, comme le quartier des biotechnologies (Gerland) ou celui des nouvelles technologies de l'information (Vaise). « *Il faut rompre avec la pensée jacobine et le centralisme parisien. Lyon est à la tête d'une région aussi grande et peuplée qu'un petit État européen* », insiste Pierre-Alain Muet. Le nouvel élu souhaite formaliser l'attractivité de la région en créant un portail économique à destination des entreprises à la recherche d'une nouvelle implantation. « *La mondialisation, cette compétition économique, est un tout qui dépasse les frontières du financier et qui doit aussi s'appuyer avec cohérence sur la qualité de vie, des transports, des infrastructures, du rayonnement culturel et sportif d'une région. Tous nos chantiers iront dans ce sens* », assure-t-il.

Lafuma le caméléon de l'international

« La mondialisation est un élément favorable en termes de développement commercial. » Philippe Joffard, PDG du groupe d'articles et vêtements de sport et de camping Lafuma, aurait du mal à dire le contraire. Implanté dans onze pays à travers ses filiales, le groupe est référencé dans plus d'une trentaine de pays. Disposant de quatre usines de production en dehors du territoire français (Tunisie, Hongrie, Maroc), Lafuma a fait de son internationalisation et de la conquête du monde son objectif principal. *« Nous avons toujours eu vocation à nous développer à l'étranger »*, ne cache pas Philippe Joffard. Le PDG considère que son groupe oscille entre une nécessaire créativité en matière de produits et une innovation en termes de marché.

Après l'Europe, le continent américain et l'Europe centrale, la société s'apprête à investir l'Asie. En quinze ans, le groupe drômois, qui a réalisé 831 millions de francs de chiffre d'affaires en 2000, a décuplé sa taille. Il fait partie des trois premiers européens de son secteur et caracole dans le « top ten » mondial. Coté au second marché de la Bourse de Paris, Lafuma, qui a successivement racheté les marques Le Chameau, Millet et Lallemand, s'est doté de collaborateurs de langues et de cultures différentes. *« Pour réussir à l'international, il faut être Chinois en Chine et Français en France. »* Nichée dans la Drôme des collines, la société aux accents mondiaux ne s'en trouve pas pour autant limitée dans ses échanges aux quatre coins du globe. *« D'un point de vue national, européen et mondial, la région Rhône-Alpes est située dans une zone très favorable, qui devrait se développer de façon significative dans les vingt prochaines années »*, reste convaincu Philippe Joffard. Il n'oublie pas les success stories de quelques grandes firmes américaines implantées dans des zones délaissées.

Infogrames leader mondial du jeu vidéo

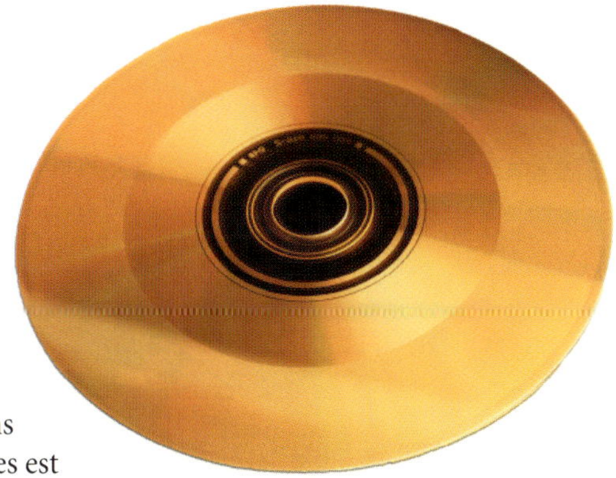

Major internationale de production et de distribution de jeux vidéo, Infogrames est devenue en quinze ans la référence technologique lyonnaise. Dans son sillage sont d'ailleurs nées une multitude de start-up, faisant de Lyon une des prestigieuses plates-formes interactives européennes. Distribué dans soixante pays, le groupe, coté en France au premier marché et aux États-Unis sur le Nasdaq, dispose d'une force de frappe leader en matière de distribution. Actionnaire de Game One, la première chaîne de télévision spécialisée dans les jeux vidéo en Europe, Infogrames est aussi propriétaire des activités interactives d'Hasbro, le géant du jouet américain. Le groupe, qui a réalisé 521,6 millions d'euros de chiffre d'affaires au 30 juin 2000 et 674,3 millions d'euros un an plus tard, n'a cessé depuis sa création par Bruno Bonnell de multiplier les acquisitions internationales. Aujourd'hui, il réalise d'ailleurs 47 % de ses ventes en Europe contre 43 % aux États-Unis. Pour Bruno Bonnell et ses équipes, la mondialisation est une affaire quotidienne.

Jean-Louis Falconnier

PDG de CIAT

Destination des exportations françaises

Source : MINEFI-DREE

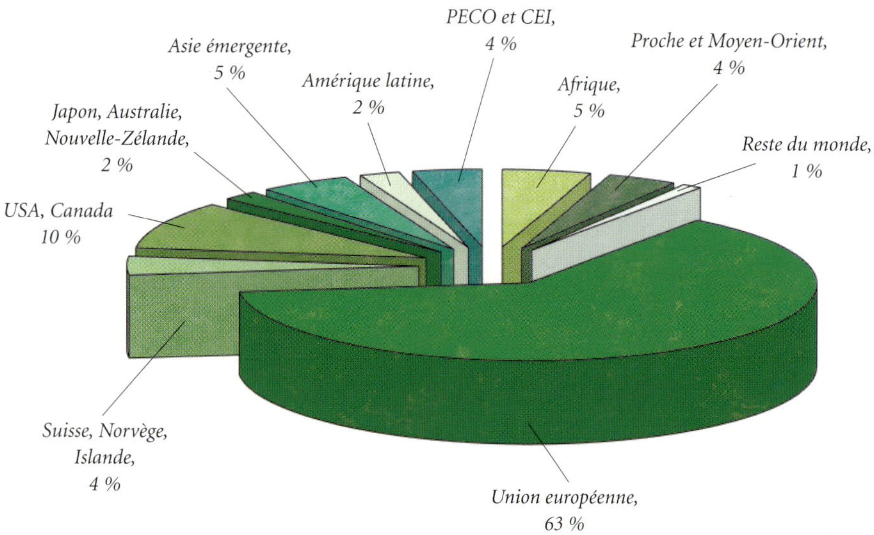

Qu'est le groupe CIAT ?

C'est un groupe familial indépendant, créé en 1934 à Culoz, dans l'Ain. Il opère dans le secteur de la climatisation et a réalisé en 2000 un chiffre d'affaires de 1,2 milliard de francs (0,18 milliard d'euros). Il s'appuie sur un effectif de 1 600 salariés, répartis entre le siège, le réseau commercial et neuf filiales, dont sept à l'étranger (Espagne, Inde, Chine, Allemagne, Grande-Bretagne, Belgique et Suisse). Depuis trois ans, tiré par l'export, CIAT affiche une croissance d'environ 30 %.

Quand et pourquoi a commencé l'internationalisation du groupe ?

Même si nous avions une tradition d'exportation avec les pays d'Afrique du Nord, nous étions, jusque dans les années 80, une société nationale, voire régionale. Quand j'ai repris l'affaire à la suite du décès de mon père, j'ai voulu que cette société se positionne rapidement sur l'échiquier international. C'était aussi une question de survie. J'ai toujours pensé qu'il fallait diversifier

les produits (nous avons ainsi quatre gammes phares) et multiplier les marchés (nous ne sommes pas dépendants d'un des aléas liés à un seul champ d'intervention). Après nous être installés leader national, nous avons attaqué le marché européen pour devenir avec deux autres concurrents co-leaders, puis nous avons jeté notre dévolu sur le reste du monde.

Et les États-Unis ?

C'est un marché détenu par nos concurrents, mais sur lequel nous venons d'ouvrir une filiale chargée de vendre un produit très technologique qui nous différencie d'eux.

Avez-vous d'autres projets de développement à l'étranger ?

Nous venons de doubler la surface et la capacité de notre usine chinoise par un investissement de 12 millions de francs (1,83 million d'euros). La même opération se prépare dans notre usine indienne. Nous cherchons également à nous implanter commercialement et en partenariat dans les pays de l'Est.

Quel est votre objectif d'ici à deux ans ?

Nous visons 2 milliards de francs (0,30 milliard d'euros) de chiffre d'affaires pour 2004. Notre objectif de productivité nous a amenés à affiner notre organisation. Après un investissement de 60 millions de francs (9,15 millions d'euros), nous venons de mettre en place un nouveau système d'information (ERP). C'est un projet lourd, qui fut en gestation pendant presque deux ans, mais qui est sur le point d'aboutir. Ce nouveau système, qui permet d'accélérer la création de valeur ajoutée, nous a fait réfléchir sur l'entreprise de demain.

Vous sentez-vous inscrit dans cette fameuse mondialisation ?

La mondialisation n'est rien d'autre que l'internationalisation des échanges à travers des réseaux commerciaux et industriels qui permettent, notamment, de mettre en place les moyens de croissance et d'accompagnement des clients. La globalisation, c'est autre chose. Elle implique, dangereusement, une identité commune aussi bien dans nos cultures que dans nos approches, nos fonctionnements économiques et sociaux. C'est ce qu'il faut bien sûr éviter.

Vous sentez-vous en Rhône-Alpes suffisamment bien armé pour affronter la scène internationale ?

Complètement. Depuis quelques années, Rhône-Alpes possède des axes autoroutiers performants, qui nous mettent à trois quarts d'heure de Lyon et Genève, et de leurs aéroports. Les infrastructures, TGV inclus, ne posent aucun problème. Nous ne sommes plus du tout enclavés. En matière de structures d'aides à l'export, Rhône-Alpes ne se distingue pas du reste de la France. Comme partout, on sent parfois un manque de cohérence de l'État. Cela dit, Rhône-Alpes est une région merveilleuse et sa forte attractivité nous permet de recruter des cadres de haut niveau.

Floréane poursuit sa conquête du monde

Installée depuis dix ans à Trévoux dans le département de l'Ain, Floréane suit jusqu'à présent un parcours sans faute, tant sur le plan industriel que sur le nouveau marché, où elle est entrée en juin 1998.

Spécialiste de la conception, de la fabrication et de la commercialisation d'implants chirurgicaux innovants, principalement destinés à la chirurgie pariétale, urologique, gynécologique et endovasculaire, Floréane, qui détient 30 % du marché français, affiche des taux de croissance à deux chiffres depuis son origine. L'entreprise a levé 40 millions de francs lors de son introduction. Elle poursuit une politique d'acquisition ciblée en termes technologiques. Elle détient une cinquantaine de familles de brevets. Elle a racheté cette année Imedex Biomatériaux, une société lyonnaise, spin off de Pasteur Mérieux, spécialisée dans les bio-polymères, et Med-X-Cor, une entreprise lilloise dédiée aux endoprothèses vasculaires.

A la clôture de son exercice 2000 (31 mars), le groupe a affiché 13,02 millions d'euros de chiffre d'affaires pour un résultat net de 1,04 million d'euros. Il a investi 4 millions d'euros dans le regroupement de ses activités sur un seul site. L'entreprise, qui dispose désormais de 1 800 m^2, dont 1 200 m^2 de salles blanches, consacre 15 % de son chiffre d'affaires en recherche et développement.

Floréane emploie 90 salariés. La société est présente aux États-Unis (Boston), à travers une filiale agréée par la Food and Drug Administration (FDA), et dans une soixantaine de pays par le biais de distributeurs. Le groupe qui détient entre 5 et 10 % des parts du marché européen, pourrait faire ses premiers pas sur le continent asiatique en 2002. Son appartenance au cercle des « *publics companies* » devrait, selon François-Régis Ory, PDG du groupe, « *lui ouvrir plus facilement les portes pour envisager une implantation* ».

La société s'est fixé comme objectif de se maintenir à 20 % de croissance annuelle, voire de dépasser ce cap. Elle s'apprête à lancer « une agrafeuse résorbable innovante » qui devrait le positionner dans la même cour que ses grands concurrents.

Depuis sa création, elle est sur un rythme de lancement de deux produits par an. Chaque année, Floréane dépose également en moyenne cinq nouveaux brevets.

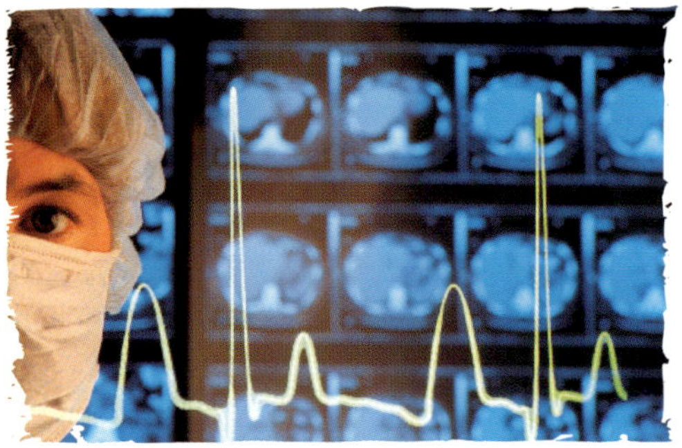

Expert
Deloitte & Touche

Jean-Paul Picard
Vice-président

Responsable international pour Deloitte et Touche de la recherche en innovation, vous vous intéressez à la croissance des entreprises. Comment la construisez-vous ?

Deloitte et Touche comptait 150 collaborateurs il y a vingt ans. En doublant sa taille tous les trois ans ou presque, elle est maintenant forte en France de 3 500 collaborateurs. Les mécanismes ne se mettent pas en place par hasard. Ils sont le résultat d'une stratégie clairement définie et annoncée.

Par exemple ?

Une stratégie externe : la connaissance approfondie de sa clientèle passe par son écoute attentive et la capacité à lui proposer de nouveaux produits. Une stratégie interne : développer et maintenir une culture cohérente entre tous les collaborateurs, autour des valeurs de ressources humaines que nous promouvons et fédérer des populations dont les origines sont diverses. Notre croissance est aussi le résultat de nombreux rapprochements. A chaque fois, nous nous sommes enquis de la capacité d'intégration tant humaine que technique des nouveaux venus.

La croissance a-t-elle des limites ?

A notre sens, non, si l'on respecte les principes que j'ai décrits. Si l'on veut pouvoir servir toujours mieux ses clients, il faut être capable, comme nous l'avons réussi, d'additionner les compétences. Deloitte n'est plus la société de commissaires aux comptes d'il y a vingt ans. Nous avons intégré de nouveaux métiers. Nous proposons tous les jours de nouvelles prestations.

Faut-il respecter un rythme particulier ?

Il faut avancer par paliers. L'époque où Deloitte comptait 400 collaborateurs participait encore d'un type de relations traditionnel. L'associé pouvait connaître personnellement chacun de ses collaborateurs. La gestion des hommes qu'on peut appeler « de proximité » n'est plus possible à 3 500. Nous avons donc mis en œuvre d'autres mécanismes. Des réunions fréquentes rassemblent les collaborateurs selon leurs fonctions. Nous avons conduit un sondage en 2001 pour mieux connaître, en 66 questions, les attentes de chaque collaborateur. Nous nous attachons à ce que nos implantations régionales bénéficient d'un maximum d'autonomie pour mieux répondre aux spécificités des marchés locaux.

Vous consacrez également une attention particulière au développement durable ?

L'entreprise doit adopter une vision à long terme qui respecte les équilibres économiques, environnementaux et sociaux. Nous lui proposons de faire le bilan de l'existant et de prendre les engagements qu'à la fois les apporteurs de capitaux et le grand public attendent. Deloitte, créée en 1848, est bien placée pour apporter une expertise solide en matière de durabilité !

Deloitte & Touche

Numérique en tête

Fusions, acquisitions, croissance

Création d'entreprises

Emploi

Attractivité de Rhône-Alpes

Commerce électronique

Mondialisation

Nouvelles technologies ▸

Santé

Sécurité alimentaire

Nouvelles Technologies

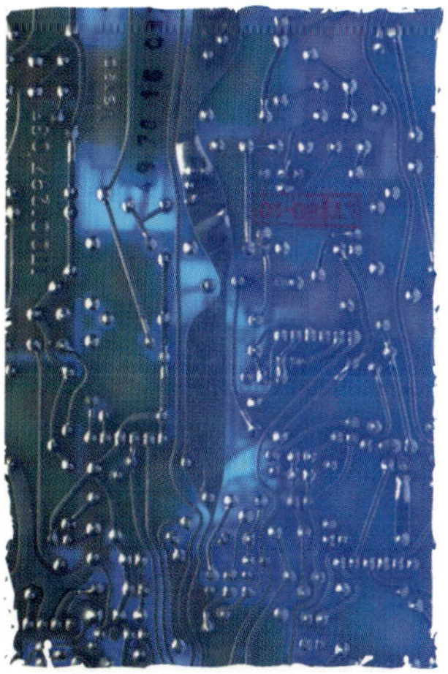

La région Rhône-Alpes, avec l'axe Lyon-Grenoble, en tête des pôles de recherche et de développement industriel du numérique en France, c'est plus que probable. L'Agence du Numérique de Grenoble, émanation de la Région, dénombre aujourd'hui, au service de la filière, quelque 60 000 emplois et plus de 800 entreprises créées au cours des dix dernières années dans les services en ligne et les télécommunications, ou encore dans l'optronique et les logiciels.

La Région Rhône-Alpes, avec l'axe Lyon-Grenoble, est sans doute le premier pôle de recherche et de développement industriel du numérique en France.
Ainsi, 70 % de l'activité industrielle en micro-électronique est concentrée en Rhône-Alpes, tandis que quelques fleurons régionaux figurent parmi les leaders mondiaux dans leur spécialité, tels ST Microelectronics pour les semi-conducteurs, Infogrames comme numéro deux pour l'édition et la conception de jeux vidéo ou Cap Gemini dans les services et l'ingénierie informatique. Selon l'Agence du Numérique à Grenoble, créée par la Région Rhône-Alpes, la filière du numérique compte aujourd'hui 60 000 emplois et a donné naissance à plus de 800 entreprises nouvelles au cours de ces dix dernières années dans les secteurs les plus divers, des services en ligne aux télécommunications, en passant par l'optronique et les logiciels.
Le dynamisme de la région est réel et se traduit aussi par son rôle de pionnier, qui n'a cessé de s'affirmer dans le développement et l'édition de services en ligne. Une longue tradition télématique puis l'évolution vers l'Internet, notamment à Lyon, lui permettent de figurer aujourd'hui comme le premier pôle de développement on line et de contenus interactifs.

L'opérateur de télécom Complétel a choisi Lyon pour y implanter son premier réseau haut débit en France et l'agglomération grenobloise a été retenue pour accueillir la Villa Médicis du multimédia éducatif.
Grenoble est la première agglomération de France pour la recherche fondamentale et appliquée en micro-technologies. Disposant de nombreux et puissants laboratoires publics et privés, elle est aussi le premier centre de coopération avec les industriels européens et américains, dont Hewlett-Packard, qui a implanté en Rhône-Alpes son plus important site de développement et de production hors des États-Unis. Cette densité de compétences exceptionnelle permet aujourd'hui d'alimenter toutes les filières de l'électronique et des technologies high-tech. Compétences également très en amont, puisque plusieurs organismes se préoccupent d'offrir les conditions de démarrage à des start-up ou porteurs de projet. Parmi eux, il faut citer les incubateurs Crealys à Lyon et Grain à Grenoble, ainsi qu'Emertec, qui a vocation à investir dans des sociétés en démarrage dans les domaines technologiques de pointe.

Le poids de l'axe Lyon-Grenoble

Jean Therme
directeur du CEA-Léti

Pour Jean Therme, directeur du CEA-Léti (Laboratoire d'électronique, de technologies de l'information), « *Grenoble s'est affirmée par sa capacité à coupler la recherche et l'industrie. Il n'y a pas d'autre endroit en France qui concentre un tel niveau de compétences en Recherche et Développement.* » Le couplage, ancien, remonte au début des années soixante-dix et s'est développé progressivement jusqu'à imposer l'image d'une agglomération grenobloise synonyme de mini-Silicon Valley. La filière des micro-technologies compte 15 000 salariés et 45 000 emplois induits chez les sous-traitants. Une partie travaille dans les laboratoires puissants (CEA-Léti, l'INRIA, l'IMAG, France Telecom R&D, soit 2 600 chercheurs) et dans les quelque trente start-up créées à partir du Léti. « *Le CEA a eu très tôt une politique d'essaimage ambitieuse* », précise Jean Therme.

Aujourd'hui, le directeur du CEA-Léti passe à la vitesse supérieure, avec la réalisation d'un futur « Pôle d'innovation en micro et nanotechnologies » (Minatech). Il est, avec l'INPG, l'artisan de ce projet, évalué à près d'un milliard de francs (0,15 milliard d'euros), comprenant la construction de 60 000 mètres carrés de bâtiments modernes destinés à 3 500 étudiants, enseignants, chercheurs et industriels sur le Polygone scientifique grenoblois. « *Il fallait relancer l'activité pour s'adapter aux nouvelles réalités et faire face aux quinze prochaines années* », explique Jean Therme. La mise en service du nouveau pôle est prévue pour 2004. Les principes fondateurs du Léti seront bien sûr en vigueur à Minatech, en associant recherche en amont et recherche appliquée en contact étroit avec deux écoles d'ingénieurs et un centre de formation.

L'objectif sera d'accroître la créativité pour accélérer les processus d'innovation en recherche et développement nécessaires à la compétition industrielle. Pour y arriver, Jean Therme est convaincu de l'intérêt de la confrontation entre tous les chercheurs. « *Plus que de multidisciplinarité, il faut évoquer la multiculturalité* », affirme-t-il. Elles sont la condition de l'innovation, « *pour faire sortir les idées* ».

Pierre-Marie Chevalier

directeur de l'Agence régionale du numérique

Comment Rhône-Alpes se situe-t-elle dans la course aux nouvelles technologies ?

Elle fait la course en tête, car c'est la seule région à disposer de l'ensemble des acteurs du numérique. Rhône-Alpes rassemble à la fois les grands laboratoires publics et privés français et étrangers et les grands groupes industriels, qui tirent l'activité du secteur autour de quatre pôles majeurs : l'industrie des loisirs, la micro-électronique, les télécoms et les nouveaux services associés, l'ingénierie du savoir et la documentique. Enfin, tous ces domaines d'activités ont la chance de bénéficier d'une énorme dynamique entrepreneuriale. Il y a eu de nombreuses créations d'entreprises en Rhône-Alpes. Au cours de ces dix dernières années, plus de 800 entreprises nouvelles ont été enregistrées dans la micro-électronique, l'optronique, les télécommunications, le multimédia, les logiciels avancés…

Ont-elles subi les conséquences du trou d'air de la nouvelle économie en 2000 ?

Très peu, en réalité. Deux types d'économie se sont affrontés en 2000, mais c'est une erreur de croire que la « nouvelle » économie est en faillite. C'est peut-être le cas pour ceux qui n'ont pensé que « technique », mais ceux qui ont associé la technologie à de réels besoins et à des marchés continuent de croître. L'Internet est toujours prometteur et va plus que jamais contribuer au développement de l'économie traditionnelle. Les entreprises vont l'utiliser pour accroître leur diffusion, comme nouveau canal de distribution et de veille informative. Et cela est vrai dans des secteurs très professionnels, comme la gestion électronique de documents pour les notaires, ou pour le grand public, où un site comme Top Achat montre que le business to consumer peut réussir.

Peut-on toujours distinguer Grenoble, ville de la recherche et de la production informatique « hard », et Lyon, ville des contenus et de la commercialisation ?

Cette distinction est une ancienne réalité qui, à mon sens, a fortement évolué vers la complémentarité des activités. Il y a beaucoup d'exemples où les deux agglomérations mixent les secteurs comme les centres d'appels, les nouveaux services, les jeux, etc. Notre objectif est de rassembler les acteurs autour de communautés et de marchés, avec l'idée de créer un axe Lyon-Grenoble à la manière d'une Silicon Valley de Rhône-Alpes. Au-delà, il s'agit bien sûr d'être reconnus et d'attirer les entreprises.

Comment comptez-vous y parvenir ?

L'Agence régionale du numérique, créée par le Conseil régional, le Réseau des Villes Rhône-Alpes et l'État en Région (DRIRE et DRRT), est un outil pour aider à développer les industries de la filière numérique. Notre priorité est de décloisonner les acteurs – industriels, chercheurs, financeurs – pour produire de l'innovation qui exige un cycle court. L'enjeu véritable est d'imaginer et de développer de nouveaux services et de nouveaux usages, par exemple le terminal de poche que nous utiliserons dans cinq ans. Aujourd'hui, nous travaillons sur les objets communicants, le regroupement des sociétés de jeux vidéo avec Lyon Game, l'ingénierie du savoir avec les Jeudis du Numérique, etc. Pour résumer, je dirai que notre réflexion sur les technologies et les usages doit diffuser dans les entreprises pour promouvoir et valoriser l'image régionale.

Jean-Michel Aulas

« Les grands éditeurs de logiciels sont principalement anglo-saxons », aime à rappeler Jean-Michel Aulas, PDG fondateur de CEGID. Mais c'est pour mieux s'inscrire comme l'une des exceptions françaises dans ce secteur à haute valeur ajoutée. Car, depuis sa création à Lyon en 1983, CEGID est devenue l'un des rares groupes d'édition français de progiciels de gestion à afficher ses ambitions en la matière. Avec une spécialité : les solutions de gestion destinées aux experts-comptables, dont près de la moitié utilisent les produits CEGID.

En 2001, l'éditeur lyonnais a manifesté son avance technologique en lançant sa nouvelle génération de progiciels « Génération PGI » (Progiciels de gestion intégrés), déclinée en trois gammes de produits : les progiciels génériques d'entreprise (comptabilité-finance, gestion), utilisés par plus de 6 000 entreprises et la presque-totalité des 100 premiers groupes français. CEGID se positionne ainsi comme le leader des solutions de publications financières, fiscales, et de téléprocédures.

En outre, avec la gamme Progiciels de gestion métiers, l'éditeur s'est spécialisé dans neuf secteurs d'activités professionnelles, opérant au besoin par croissances externes pour assurer son leadership. Outre les experts-comptables, CEGID est ainsi l'un des référents pour les métiers de la mode, de l'hôtellerie-restauration, du commerce de détail, etc. Avec les nouvelles technologies et son approche commerciale par marché, CEGID, éditeur, intégrateur et distributeur de ses propres solutions, vise le leadership sur le marché des progiciels de gestion intégrés destinés aux PME. Pour accompagner ses clients de la mode, CEGID s'est implantée récemment aux États-Unis. Elle a créé une filiale en Espagne pour commercialiser la gamme de ses progiciels. Cotée en bourse depuis 1989, CEGID a réalisé en 2000 un chiffre d'affaires de 108,8 millions d'euros et compte près de 1 200 salariés.

Fondateur et PDG de CEGID

Le réseau français des technopoles

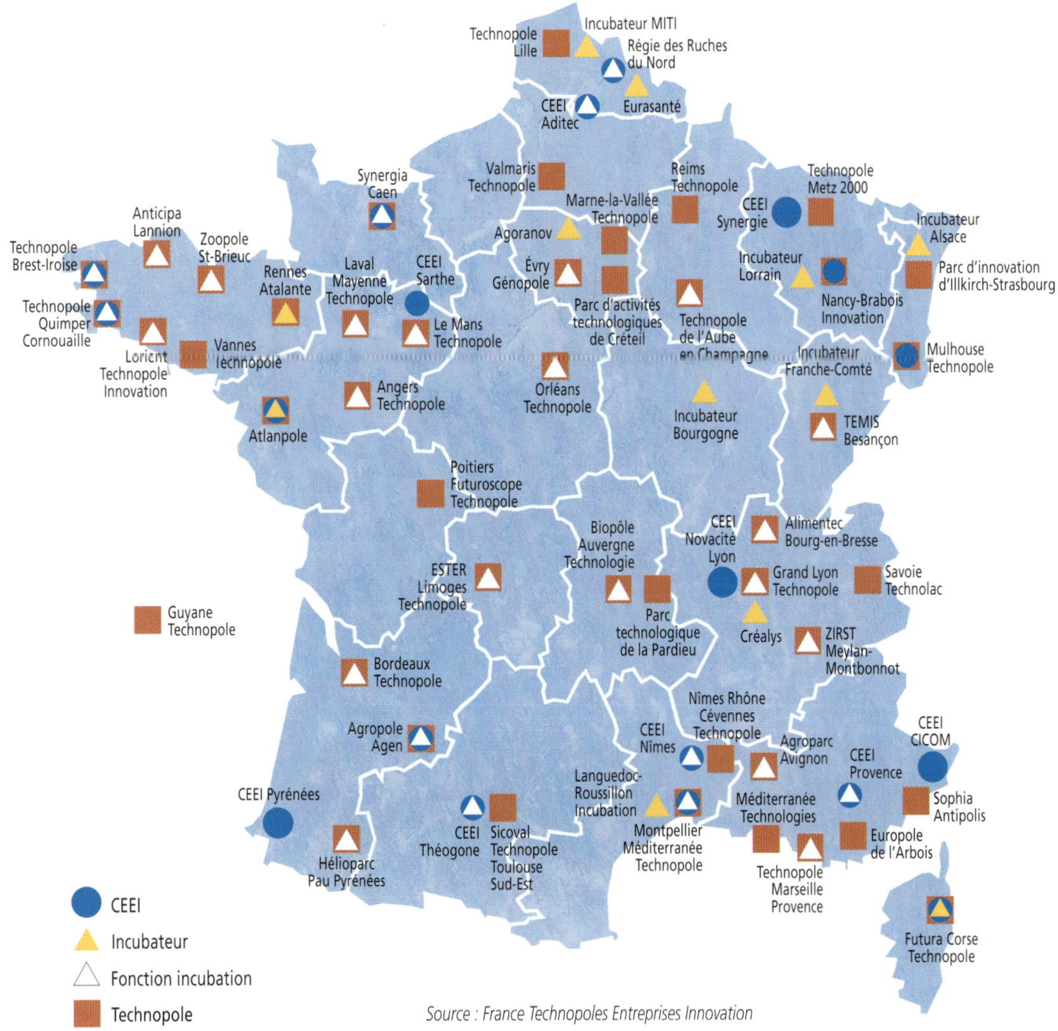

Source : France Technopoles Entreprises Innovation

La success story de SOITEC

L'histoire de SOITEC est celle d'une « success story » qui a résisté à la bourrasque sur les sociétés de la nouvelle technologie. La start-up créée en 1992 par deux ingénieurs, Jean-Michel Lamure et André Auberton, est devenue un solide leader mondial du marché du silicium sur isolant (SOI), matière première de l'industrie des semi-conducteurs. SOITEC, cotée au nouveau marché, s'est dès le début positionnée sur cette technologie très avancée : « O*n a créé le marché qui nous paraissait très prometteur et on n'a cessé de convaincre les industriels*, explique André Auberton, directeur général de l'entreprise. A*ujourd'hui, les grands acteurs du marché ont pris le relais pour communiquer sur l'intérêt du système.* » Agissant à la manière d'un turbo, le silicium sur isolant permet des gains de performances importants, notamment en rapidité, en miniaturisation et en faible consommation. Archétypes du composant du nomadisme électronique, les

puces SOI sont partout (microprocesseurs, voitures, DVD, caméras).

Et les perspectives de développement sont énormes : le SOI est un matériau de nouvelle génération, en remplacement du silicium ; il représente un marché de sept milliards de dollars. Cela explique la croissance à trois chiffres de SOITEC depuis trois ans et la construction d'une nouvelle usine de 4 000 m² qui sera mise en route progressivement en 2002. La société (235 personnes) va recruter 70 collaborateurs pour l'ouverture de son site industriel et prévoit de doubler son effectif d'ici à 2005. Après cinq années de forts investissements réalisés depuis 1996 (200 millions de francs en R&D pour la technologie exclusive « smart cut »), SOITEC a renoué avec les bénéfices (4,1 millions d'euros) en 2000-2001 pour un chiffre d'affaires de 43,3 millions d'euros, dont 80 % réalisés aux États-Unis. Sa diversification, programmée dans la production de silicium sur quartz en 2003, devrait contribuer à doper davantage une activité qui va être multipliée par deux en 2001, avec un chiffre d'affaires attendu de 86 millions d'euros.

dans les semi-conducteurs

Expert Deloitte & Touche

Bernard Norlain
Général (CR),
Vice-président en charge du Développement

Les entreprises françaises sont-elles soucieuses de s'informer ?

Le premier souci d'une entreprise est de connaître son marché, son environnement et d'anticiper les évolutions futures. Globalement, toutes font cet effort vital. Si une entreprise envisage son avenir, elle définit sa stratégie. L'intelligence économique n'est qu'une composante d'un processus global : un triptyque incluant la « business intelligence » (schématiquement la connaissance profilée du client), la « competitive intelligence » ou l'intelligence économique (c'est-à-dire la capacité à analyser son environnement et à développer une prospective), et le « knowledge management » qui est l'organisation du savoir.

Ce dernier point est sans doute essentiel ?

On ne peut se contenter d'accumulations de connaissances. Il faut les rendre utiles et leur donner toute leur dimension collective. Michel Serres suggère que trop souvent dans l'entreprise, en France, on peut répondre à l'interrogation sur ce que chacun sait et qui commande, mais qu'on ignore ce que nous savons *ensemble.*

Les entreprises disposent-elles des moyens d'accéder à ce savoir ?

Toutes en disposent. Ce qui va faire la différence est leur capacité à l'analyser. A quoi bon disposer d'ordinateurs qui restitueront des accumulations d'informations si l'on ne peut pas les comprendre ? Il faut trier les informations, les organiser et, finalement, leur donner du sens.

Qui peut le faire ?

Il faut d'abord savoir puiser dans les ressources internes de l'entreprise : le financier, l'informaticien, un sociologue, pourquoi pas. Et créer une structure nouvelle pour réunir ce capital immatériel qu'est le savoir. Une grande entreprise pourra y consacrer un homme ou une équipe. Mais une PME doit apprendre elle aussi à s'arrêter pour réfléchir, s'organiser et finalement anticiper.

Quelle sera la tâche de cette structure ?

Davantage trier et analyser qu'accumuler des informations. Des moyens informatiques adaptés sont nécessaires. Mais il faudra surtout savoir analyser l'information. Chaque individu, dans l'entreprise, dispose d'informations qu'il faut recueillir et mettre à la disposition de tous. Halte à la « ghettoïsation » de l'information ! Seule une très faible partie sensible doit être protégée. Le reste doit profiter à tous et circuler en réseau. Il faut partager l'information.

Quels conseils pouvez-vous donner aux entreprises ?

Prenez conscience que la révolution de l'intelligence économique impose à l'entreprise de gérer son savoir. Organisez-vous pour en tirer le meilleur parti. Créez un réseau de recueil de l'information interne et externe. Mêlez-y moyens informatiques et surtout humains. Mais rappelez-vous que l'information doit pouvoir être qualifiée et qu'il faut lui donner du sens.

Une puissance économique encore trop éclatée

Fusions, acquisitions, croissance

Création d'entreprises

Emploi

Attractivité de Rhône-Alpes

Commerce électronique

Mondialisation

Nouvelles technologies

Santé ▸

Sécurité alimentaire

La
Santé

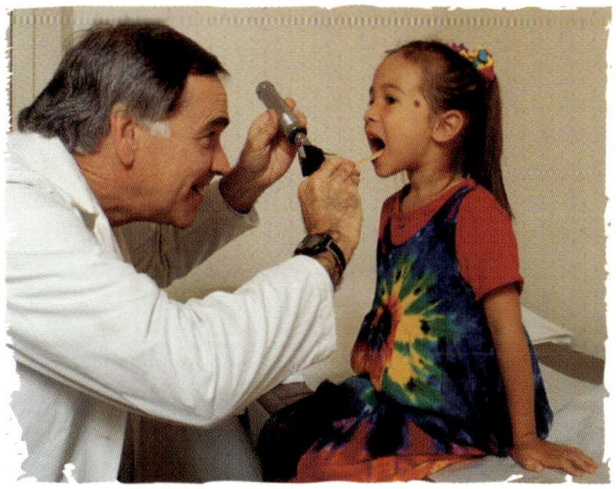

La santé, en Rhône-Alpes, c'est une tradition de recherche et des pôles industriels apportant au tissu régional une richesse considérable en termes d'emploi et de flux économique. Les observateurs reconnaissent cependant que l'ensemble chimique et pharmaceutique, l'un des leaders au monde, divers, éclaté, sans réelle cohérence, ne dispose pas de tous les atouts nécessaires à sa visibilité.

Trouver une identité visible

Le puissant secteur de la santé en Rhône-Alpes, et particulièrement en région lyonnaise, puise ses racines au XVIIe siècle, avec Nicolas Leblanc ; il se consolide avec la lignée des Henry Gall, Claude Perret, Auguste et Louis Lumière, Joseph et François Gillet. De ce fertile terreau, alimenté par les besoins des soyeux et autres acteurs du textile, l'industrie régionale verra sortir les prestigieuses enseignes des Trente Glorieuses : Rhodiaceta, Coignet, Progil, Péchiney, Rhône-Poulenc, L'Air Liquide, ElfAtochem et Saint-Gobain.

Puisant ses forces dans un environnement favorable au développement de toute de la chaîne, l'industrie pharmaceutique, tirée par les grands noms de la médecine et de la recherche scientifique comme Marcel Mérieux, élève de Louis Pasteur, verra naître ses futurs fleurons de la scène internationale, les laboratoires Aguettant, Boiron, Lipha, Gifrer-Barbezat, Hoffman-Laroche.

Plus tard, insufflés par des pôles de recherche universitaires, des plateaux hospitaliers performants et des incubateurs technologiques, les Floréane, Coletica, LVL Médical, Edap Technomed et autres entreprises cotées à fort potentiel de croissance rejoindront le sérail. Aujourd'hui, le pôle chimique et pharmaceutique lyonnais et ses sites historiques de Neuville (Roussel-Uclaf), Sainte-Foy-lès-Lyon (Boiron), Marcy-L'Étoile (École vétérinaire, Biomérieux), et Oullins (Léderlé), représentent 72 % de l'activité régionale. Autant dire qu'en la matière, Rhône-Alpes est devenue une place forte mondiale.

Pourtant, elle n'est pas toujours reconnue comme telle. Divers, éclaté, sans cohérence apparente, le secteur a du mal à s'organiser pour trouver une identité commune, visible aux quatre coins du globe. La région tâtonne. Elle lance Biovision pour se faire un nom. Se bat pour héberger les fonds d'amorçage technologique, Bio Am et Emertec. Elle crée des incubateurs, s'appuie sur la loi Allègre pour faire sortir les chercheurs de leurs laboratoires. Lyon se mobilise pour faire du quartier de Gerland un pôle scientifique de haute technologie, et du quartier des hôpitaux un pôle médical de pointe alliant le privé au secteur public. La reconnaissance de la compétence bioscientifique de Lyon et de sa région est désormais en marche.

au bout du monde

Apicil-Agira tente de maîtriser les dépenses de santé

Institution de retraite et de prévoyance, l'Apicil-Agira, vieille dame âgée de soixante ans, est, en France, la plus grosse institution régionale de ce genre. Association à but non lucratif basée à Lyon, elle est gérée de façon paritaire entre employeurs et salariés. Encaissant 6,5 milliards de francs de retraite complémentaire obligatoire et 2,5 milliards de francs de cotisations pour les produits d'assurance de personnes, elle compte 50 000 entreprises adhérentes (soit 1 million de salariés assurés) et 8 000 particuliers. L'association, qui prône la solidarité entre les retraités et les actifs, est très impliquée dans le secteur de la santé. Son statut ne lui permettant pas de répercuter l'augmentation très significative des dépenses de santé (environ 7 % en 2000 et en 2001) sur le coût de ses prestations, elle a choisi de s'engager en amont pour enrayer cette croissance qu'elle ne pense pas inévitable. L'Apicil-Agira s'est donc lancée dans des actions de prévention et de dépistage de certaines maladies. L'institution, qui travaille dans ce but en partenariat avec les professionnels de la santé, a aussi mis en place pour ses adhérents un dispositif gratuit d'aide à l'évaluation des devis dentaires et optiques et participe financièrement aux programmes d'équipement des hôpitaux. Au total, l'association consacre chaque année vingt millions de francs à la lutte contre les dérives des dépenses de santé.

Jean-Noël Treilles

PDG de la société pharmaceutique

Merck-Lipha

Merck-Lipha est un des fleurons de l'économie régionale. Quelle place occupe ce groupe sur la scène mondiale ?

Merck-Lipha est une filiale du groupe allemand Merck, un des leaders mondiaux de la chimie-pharmacie. Créé à Lyon en 1996 dans le cadre de la réorganisation des filiales françaises du groupe, Merck-Lipha emploie 4 594 salariés, dont 935 en région lyonnaise. En 2000, notre société et ses filiales françaises (Lipha Santé, Monot, Théramex) et américaines ont réalisé 1,35 milliard d'euros de chiffre d'affaires (dont 91 % provenant de l'activité pharmacie), en hausse de 25 % par rapport à l'exercice précédent. Le groupe est numéro un mondial dans le traitement oral du diabète.

Vous êtes également, depuis 1998, président de la fondation Rhône-Alpes Futur. Quel est l'objet de cette fondation ?

Cette fondation d'utilité publique est au service des chercheurs, des universitaires et des industriels intervenant dans le domaine de la santé. Son ambition est de favoriser dans la région Rhône-Alpes la connaissance et l'innovation scientifique et technologique, d'organiser une coopération féconde entre les parties intéressées, notamment entre les secteurs de l'économie et de la recherche publique, et de contribuer au développement de la création d'entreprises et d'emplois. En organisant des colloques, des programmes d'études et en attribuant des bourses et des distinctions, nous tentons de faire en sorte que l'identité régionale soit associée aux sciences biomédicales.

Quel regard portez-vous sur le secteur de la santé en région ?

Compte tenu du potentiel de Rhône-Alpes en la matière, la région n'a pas, en termes d'image, la place qu'occupent Lille et Strasbourg depuis longtemps. Nous avons sans doute négligé des opportunités fédératrices qui auraient pu apprendre aux équipes du privé et du public à travailler ensemble. Ces équipes se sont souvent contentées de la présence d'un grand plateau hospitalier, d'universités renommées et de grandes entreprises. Aujourd'hui, cela ne suffit plus. Il faut dépasser cet esprit lyonnais qui se refuse à faire étalage de ses compétences et richesses.

Quels types d'actions peuvent-ils être envisagés ?

Il faut se servir de notre position géographique, au carrefour de l'Europe, pour monter des opérations qui impliquent les villes de la région et leurs pôles de compétences respectifs. En parallèle, il faut aussi améliorer l'image de Lyon. Deux projets sont aujourd'hui sur les rails. Celui de la Buire, portée par la Communauté urbaine de Lyon et la Fondation Rhône-Alpes-Futur, vise à créer autour des centres hospitaliers des vitrines technologiques accueillant aussi bien des start-up que des industriels renommés et des chercheurs. L'ambition de ce projet est de servir d'interface à tous ces acteurs de la santé. Ce projet doit permettre à Lyon de se différencier des autres pôles Santé français.

Le second projet est celui du Génopôle Rhône-Alpes. La région dispose de pôles de compétences de haut niveau, qui doivent permettre à cet objectif de devenir un des leaders en France, en mettant en jeu le plateau Santé de Lyon et le plateau des technologies de l'information de Grenoble. Ce n'est qu'en alliant nos forces que nous serons perçus et reconnus au niveau que nous méritons.

Ces deux projets sont des catalyseurs qui devraient permettre de créer un foyer de sociétés « jeunes pousses » dynamiques et innovantes et de s'inscrire dans ce mouvement initié par les incubateurs, les fonds d'amorçage et la loi Allègre, qui vise à abaisser les barrières du transfert technologique.

Éric Poincelet

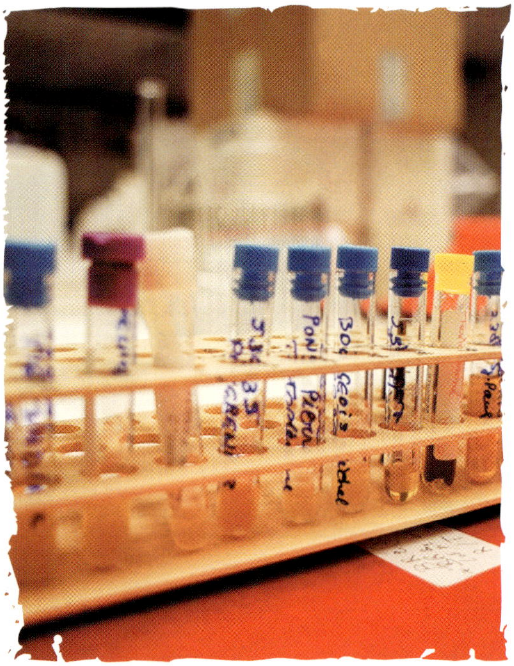

directeur général de Biovision

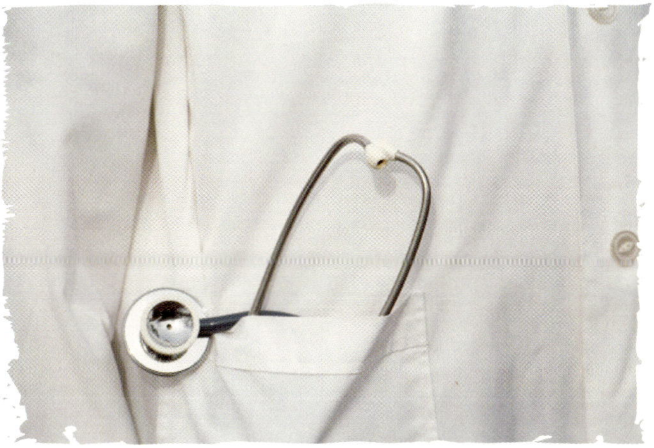

« *Rhône-Alpes doit raisonner en termes d'euro-cluster. S'associer avec les régions européennes alentour pour se positionner ensemble comme un territoire européen sans frontières, reconnu pour la compétence innovante et spécifique de ses biosciences.* » Directeur général de Biovision, Éric Poincelet, convaincu que « *Lyon, seule, n'a aucune chance d'émerger sur la scène mondiale* », s'est rapproché de la Suisse pour qu'en 2002 Zurich accueille Biosquare, la convention d'affaires lancée dans le sillage de Biovision.

Considéré comme le Davos des sciences du vivant, Biovision a vu le jour pour la première fois à Lyon en 1999. Né de la volonté de Raymond Barre de réunir, tous les deux ans, à Lyon les meilleurs experts du monde des sciences du vivant (santé, environnement, agroalimentaire), Biovision s'est aussi voulu un forum ouvert sur la société civile.

Mille experts issus de l'industrie, des sciences académiques et des grandes institutions (OMS, ONG, médias) se sont à ce jour réunis à deux occasions pour rédiger des recommandations, des priorités d'actions diffusées ensuite aux gouvernements et aux instances internationales et européennes. En parallèle de cette manifestation, Biosquare a réuni plus de 300 sociétés biotechnologiques et Biovisionext près de 200 jeunes doctorants. Mais aujourd'hui les acteurs du secteur, politiques, chercheurs, industriels, souhaitent aller plus loin pour que cette fabuleuse vitrine soit aussi le reflet d'un pôle rhônalpin organisé et identifié. Éric Poincelet, qui multiplie les actions pour que les sciences du vivant deviennent le leader économique de la région, parle même de gâchis et de saupoudrage. « *Cette région, qui a une base industrielle et universitaire si forte, part dans tous les sens. Il n'existe pas clairement un projet fédérateur qui mène tout le monde dans la même direction. Rhône-Alpes a tous les atouts pour faire partie, avec ses voisins européens, du plus grand cluster bioscientifique du monde, mais elle ne transforme pas l'essai.* » Patience.

Le P4, un laboratoire

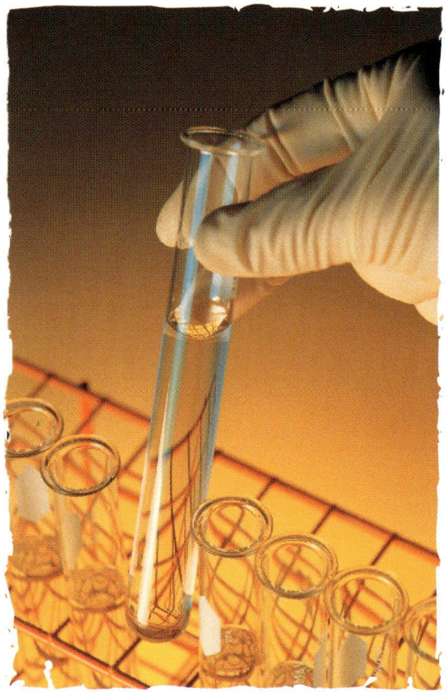

Sur le modèle du P4 installé à Atlanta, aux États-Unis, le laboratoire P4 de Lyon est né de la volonté de Charles Mérieux de voir l'Europe dotée d'un établissement capable d'étudier les virus les plus dangereux (Ebola, Lassa, variole, fièvres hémorragiques), afin d'en trouver l'antidote. Construit grâce à un investissement de 50 millions de francs de la fondation Mérieux, et géré en association avec l'Institut Pasteur de Paris, ce laboratoire installé au cœur de la ville a été conçu pour protéger les chercheurs et empêcher la fuite de virus, notamment en cas d'agressions extérieures.

sous très haute surveillance

Vitres blindées, multiples services de sécurité, sas de décontamination, scaphandres de protection, douches antiseptiques, coffres-forts, conservation des échantillons sous scellés, filtration des eaux usées, tout a été minutieusement pensé. Vingt salariés sont employés sur le site, et dix seulement sont habilités à entrer dans le laboratoire proprement dit.

Fleuron technologique, il fait la fierté de la région tout en suscitant quelques inquiétudes. Pour faire face aux interrogations des riverains, et plus largement des Rhônalpins, en octobre 1997 le préfet, informé du projet de création du laboratoire, a réuni un comité de pilotage chargé de le conseiller sur les prescriptions à imposer aux exploitants du P4. En décembre 1998, il a saisi les ministères concernés et a demandé l'avis du conseil départemental d'hygiène.

Un an plus tard, un arrêté préfectoral réglementant le fonctionnement du laboratoire était publié. Le préfet a alors constitué une commission locale d'experts chargée de l'informer de toutes les nouvelles manipulations de gènes envisagées par le P4. Une commission locale d'information, constituée de représentants des communes riveraines et d'associations, a été instaurée sur-le-champ. Au-delà des instructions pour chaque nouvelle manipulation, la DRIRE s'est vue chargée de deux inspections générales par an. Un plan de secours spécialisé visant l'organisation des services de l'État en cas d'incident a été élaboré.

Constituant un « point sensible national », le laboratoire est placé sous la surveillance des services de l'État et de la police.

La Santé dans la région lyonnaise

450	**entreprises issues du secteur de la santé**
60 000	**emplois dans ce secteur, dont la moitié dans le secteur hospitalier**
3 700	**chercheurs**
200	**laboratoires**
52 000	**étudiants en sciences de la vie**

Deloitte & Touche

Les industriels au goût du jour

Fusions, acquisitions, croissance

Création d'entreprises

Emploi

Attractivité de Rhône-Alpes

Commerce électronique

Mondialisation

Nouvelles technologies

Santé

Sécurité alimentaire ▸

Sécurité
alimentaire

L'Agence française de sécurité sanitaire des aliments et les centres techniques ont conduit le secteur de l'agroalimentaire à appliquer un meilleur suivi des réglementations sanitaires. En Rhône-Alpes, les industries agroalimentaires, qui assurent 11,4 % du chiffre d'affaires de la production industrielle régionale, sont devenues des laboratoires. Entre technologies modernes et procédés de fabrication traditionnels, elles agissent pour une hygiène alimentaire irréprochable.

La qualité bactériologique des aliments n'a jamais été aussi bonne

Même en ces temps troublés par la maladie de la vache folle, de la fièvre aphteuse des moutons, et de la maladie des saumons d'élevage, la qualité bactériologique des aliments n'a jamais été aussi bonne qu'aujourd'hui. Les intoxications alimentaires mortelles, environ une centaine en France tous les ans, sont depuis des années en chute libre ; cette diminution n'est plus seulement le fruit des progrès de la médecine. Les industriels ont fourni des efforts considérables pour sécuriser notre alimentation, en réponse aux attentes des consommateurs et des pouvoirs publics. Aujourd'hui, dans de nombreuses entreprises, il est possible de suivre un produit même transformé, de son champ d'origine à l'assiette. La norme HACCP, qui sert à évaluer les points critiques du processus de fabrication des produits issus de l'agroalimentaire, a permis aux industriels de faire un bond en avant dans leur maîtrise de la sécurité.

La présence dans toutes les régions de l'Agence française de sécurité sanitaire des aliments (AFSSA) et de nombreux centres techniques (lait, viandes, fromage) a largement contribué à faire évoluer le secteur en direction d'un meilleur suivi et de réglementations sanitaires. Rhône-Alpes – qui recense sur son territoire des grands noms du secteur comme Danone, Nestlé, Teisseire, Salade Minute, Jambon d'Aoste, Cochonou, Martinet, Bonduelle, Candia, Maître Fournil, Étoile du Vercors – n'a pas échappé à cette évolution positive, même si elle fut parfois tirée par des vents de panique souvent irrationnels.

Les industries agroalimentaires rhônalpines, qui représentent 11,4 % du chiffre d'affaires de la production industrielle régionale, sont ainsi devenues de véritables laboratoires alliant technologies modernes et procédés de fabrication traditionnels. En grande phase d'épanouissement, ces entreprises aux tailles diverses traquent bactéries et microbes, afin d'être aussi irréprochables que possible en termes d'hygiène alimentaire.

Jean-Paul Teyssédre

Depuis qu'a été connu le premier cas de maladie de la vache folle dans le département, il y a deux ans, les services vétérinaires du Rhône ont fait procéder à l'abattage de onze cheptels, soit près de 500 bêtes. Deuxième région, derrière l'ouest de la France, la plus touchée par l'ESB, Rhône-Alpes a mis sur pied un dispositif renforcé pour assurer la sécurité sanitaire et alimentaire de tous.

La Direction des services vétérinaires du Rhône – qui rejoindra bientôt le nouveau service déconcentré de l'État, à savoir la Direction départementale de la Santé publique et vétérinaire – est chargée de se préoccuper de la surveillance et du contrôle de l'ensemble de la chaîne de production des aliments. A côté de ses actions de lutte contre le risque alimentaire, ses programmes de vaccination, de prévention et d'information, la direction est chargée de veiller à la réduction des nuisances de la sphère agricole sur l'environnement. Pour ce faire, elle inspecte les élevages et les installations agroalimentaires classées. S'appuyant sur un réseau d'une centaine de vétérinaires, elle lutte surtout aujourd'hui contre l'ensemble des maladies du cheptel, mais traque aussi toutes les bactéries pathogènes, des entreprises de transformation et abattoirs jusqu'aux commerces de distribution. Listéries et salmonelles sont ses cibles à détruire.

En partenariat avec les instituts de veille sanitaire, les bureaux d'hygiène des villes, l'Agence française de sécurité sanitaire des aliments (AFSSA), les ministères de l'Agriculture, des Finances (Concurrence et répression des fraudes) et de la Santé, un pôle de compétence « sécurité des aliments », dirigé par Jean-Paul Teyssédre, a été créé afin de coordonner les actions de fond (550 inspections chaque année des cuisines collectives du département) et les opérations coup de poing (restauration ambulante par exemple).

« Les résultats de nos inspections dans l'agroalimentaire se sont nettement améliorés. Les façons de travailler se sont rationalisées. Les industriels ont fait de gros efforts. Dans la grande distribution, on ne note aucune aggravation. En revanche, en ce qui concerne l'évaluation de la qualité de l'hygiène et de la sécurité alimentaire dans les petits commerces, il est encore difficile d'en apprécier et d'en quantifier les progrès », reconnaît Jean-Paul Teyssédre.

Directeur des services vétérinaires du Rhône

Éric Barbier

Comment est né Tracing Server ?

Le groupe, qui s'est d'abord appelé Elia, a été créé en 1991 après la fusion des sociétés Elite (transport et logistique) et Intéractiv (traçabilité agroalimentaire). Il est entré au marché libre en 1999 avant de basculer sur le Nouveau Marché. Elia est devenu Tracing Server pour afficher sa nouvelle orientation en direction des métiers de la traçabilité et de l'ASP.

Quel est le métier du groupe ?

Nous sommes avant tout un groupe informatique développant des solutions de synchronisation de données afin d'assurer la traçabilité totale d'un colis et du produit qu'il contient. Aujourd'hui, nous sommes 330 salariés répartis entre Lyon, Paris, Roissy, Rungis et les États-Unis. Notre chiffre d'affaires, qui était de 16 millions d'euros en 1998, a atteint 35 millions d'euros en 2001. Nous sommes aussi bien aux côtés des PME que des grands groupes de la distribution et de la logistique.

membre du directoire du groupe

Sur ce marché en croissance quelle est votre particularité ?

Nous sommes leader en France de la traçabilité des colis. Notre particularité réside dans le fait que nous intégrons tous les maillons de la chaîne de vie d'un colis et de son contenu. Nos systèmes informatiques permettent de lier chaque événement d'un colis de l'expéditeur au destinataire. Nos serveurs enregistrent la vie d'une palette de pommes, de la cueillette au stockage, et jusqu'à la distribution. En France et même en Europe, nous n'avons pas de concurrent qui ait comme nous une vision globale de la chaîne agroalimentaire. Nos concurrents sont spécialisés sur un segment du marché : le transport de l'eau ou la messagerie express, ou encore la logistique et le stockage des produits frais.

Comment obtenez-vous cette vision globale de la chaîne agroalimentaire ?

Grâce au système ASP. Toutes les données externalisées d'un produit sont centralisées et consolidées sur nos serveurs. Au lieu de vendre un logiciel, nous louons à nos clients un accès à nos serveurs, une licence et nos services. En mai 2001, nous comptions une quinzaine de clients, 134 sites connectés et 1 300 utilisateurs. En septembre 2001, nous sommes parvenus à intéresser 22 clients, 153 sites et 1 644 utilisateurs. Nos solutions informatiques tracent quatre millions d'objets par jour dont les 120 000 colis quotidiens de La Poste. Notre méthodologie repose sur le système ASP qui mutualise les informations et sur notre brevet Tracnet.

La traçabilité globale est-elle aujourd'hui une réalité ?

A ce jour, la traçabilité globale n'existe pas. Les filières s'organisent peu à peu pour mettre en place des systèmes transparents et organisés, mais la question du coût reste entière. La traçabilité représente 1 % du coût de production, soit 0,25 % du coût final pour le consommateur, et personne ne souhaite endosser intégralement cette surcharge. Le marché est en passe de devenir mature. La pression des consommateurs est forte, il ne reste qu'à rationaliser l'ensemble de la chaîne, de la production à la distribution. Notre objectif à long terme est d'être reconnus par le public à travers notre label de traçabilité et de devenir un avantage concurrentiel pour le consommateur.

Tracing Server

Diffchamb

Groupe suédois composé de dix sociétés, Diffchamb est spécialisé dans le diagnostic agroalimentaire. Le groupe, coté à la Bourse de Stockholm, a implanté à Lyon, en sus de sa société commerciale, Diffchamb France, son centre de recherche et développement.

Spécialisé dans le développement de tests immuno-chimiques, le groupe conçoit et commercialise des méthodes qui permettent aux industriels de l'agroalimentaire de vérifier que leurs produits ne contiennent ni bactéries pathogènes, ni toxines bactériennes, ni moisissures, ni allergènes.

Diffchamb, qui fait travailler à Lyon moins d'une trentaine de salariés, compte parmi ses clients des industriels mais aussi les laboratoires vétérinaires, les services publics des Douanes et de la Répression des fraudes.

L'objectif de la société, qui a développé des produits de diagnostics automatisés ultrarapides, est d'améliorer le flux dans les laboratoires afin de leur permettre d'analyser le plus grand nombre d'échantillons dans un temps record. Le groupe a aussi mis sur pied des tests dédiés à la recherche de bactéries isolées.

Surfant sur un marché en pleine croissance, notamment depuis la réglementation HACCP, la société – qui est déjà implantée en Norvège, au Danemark, en Grande-Bretagne, en Italie, aux Pays-Bas, en Australie et en France – cherche à étendre son leadership.

traque la bactérie

GBS Traiteur

3 à 5 % du chiffre d'affaires de GBS Traiteur est consacré au contrôle des matières premières et aux process de la société. Issu, en 1983, du rapprochement de différents fonds de commerce et sociétés artisanales, le groupe GBS Traiteur produit des quenelles dans son usine de Corbas (Rhône) et des pâtes fraîches à Chambéry.

L'entreprise, qui compte 180 salariés, a réalisé en 2000 un chiffre d'affaires de 250 millions de francs. Sous sa propre marque, Ecochard, ou aux marques de ses clients, l'entreprise tire 80 % de son activité de la grande distribution. Référencée dans toute la France, GBS Traiteur est aussi l'un des fournisseurs de la restauration hors foyer et des grossistes de l'agroalimentaire.

La société, qui répondait aux exigences sanitaires des produits cuits, a dû intégrer en 1999 les nouvelles réglementations qui imposaient aux industriels de garantir la salubrité de leurs produits avant cuisson. Le groupe s'est donc lancé dans une démarche de certification ISO 9002 et a inscrit dans ce cadre les agréments rigoureux exigés à ses fournisseurs. Un laboratoire interne de microbiologie travaille depuis sur l'analyse des matières premières mais aussi sur les process, comme le préconise la norme HACCP visant à déterminer et corriger les points critiques de la fabrication. En plus de ces mesures accompagnées d'audits chez les fournisseurs, le groupe GBS Traiteur fait chaque nuit procéder au nettoyage à blanc de ses installations.

L'entreprise qui a fortement investi dans la sécurité alimentaire et la meilleure traçabilité de ses matières premières et de ses produits, travaille désormais aux nouvelles normes concernant les produits allergènes. Chaque nouvelle exigence du consommateur ou des pouvoirs publics est prise en compte par GBS Traiteur.

militant de la sécurité alimentaire

Emball'iso et son espion venu du froid

Implantée à Saint-Georges-de-Reneins (Rhône), la société, spécialisée depuis 1990 dans la fabrication d'emballages isothermes et de panneaux en mousse polystyrène expansée pour l'art graphique, a mis sur le marché un traceur de température avec logiciel intégré pour le contrôle de la chaîne du froid. Un condensé de technologie pas plus grand qu'une carte de crédit du nom de Spy Temp. Glissé sur une palette de produits frais ou dans une boîte isotherme contenant des produits pharmaceutiques, Spy Temp, discipliné espion imaginé par Pierre Casoli, PDG d'Emball'iso, mémorise les données de temps et de température lors du transport de ces produits fragiles. Petit traceur de température muni d'un micrologiciel embarqué développé par la société Comtec (Brignais), il est pré-programmable sans avoir besoin d'être connecté à un ordinateur. Spy Temp a bénéficié d'une aide de la DRIRE d'un montant de 200 000 F (30 490 euros). Quant à la société, elle a reçu, à son démarrage, une aide de l'ANVAR (1 million de francs – 0,15 million d'euros) pour financer sa première machine. Un an plus tard, en 1991, la société de capital-risque Rhône Alpes Création entrait dans son capital à hauteur de 18 %. Emball'iso, qui affichait en 1999 un chiffre d'affaires de 30 millions de francs (4,57 millions d'euros) pour un effectif de 30 personnes, s'est développé très vite et à égale proportion sur ses deux marques : Isostar et Creat'Airplac. En février 2000, une première filiale a été créée en Allemagne et, sur le site de Saint-Georges-de-Reneins, une nouvelle ligne de fabrication a vu le jour après un investissement de 6 millions de francs (0,91 million d'euros). L'entreprise, qui possède un bureau commercial à Shanghai, vise 50 millions de francs de chiffre d'affaires d'ici à 2005 (7,62 millions d'euros).

Expert
Deloitte & Touche

René Bonaz

Responsable de la ligne de services
Environnement et Développement durable

L'environnement vous paraît-il un souci constant des entreprises ?

Oui, même si la catastrophe de Toulouse, en septembre, dans une usine pourtant conforme à ce qui se fait de mieux en matière de normes et de procédures, conduit à accélérer la prise de conscience. Les entrepreneurs savent depuis longtemps que l'environnement peut coûter cher. 2001 aura été aussi l'année où les textes réglementaires se sont multipliés, notamment sur la nécessité de provisionner les passifs environnementaux (coût de remise en état et de réhabilitation des sites pollués, réponse aux atteintes diverses à l'environnement). Ces mesures auront une incidence sur les bilans. Si les grandes entreprises les ont prises en compte, en revanche la grande majorité des PME les ignore encore.

Les aides aux entreprises vous paraissent-elles adaptées aux besoins ?

Globalement, oui. Surtout dans le domaine de l'eau, par l'intermédiaire des Agences de bassins. L'ADEME propose aussi un certain nombre d'aides dans le domaine de l'énergie et des déchets. Mais on peut toujours penser qu'elles sont insuffisantes. Sans doute en matière fiscale, notamment.

Assiste-t-on à un renforcement de l'exigence des consommateurs en matière d'environnement ?

Leur poids va grandissant. On l'a vu, lors de la mise en cause de fournisseurs de menuiserie en bois tropicaux, par exemple, critiquer les conditions d'exploitation de ces bois dans leur pays d'origine. Les consommateurs sont sensibles à l'engagement de l'entreprise à prévenir les risques et à les réparer. La nouveauté réside dans la préoccupation plus globale des consommateurs envers le rapport environnement/santé (les OGM) et en matière d'éthique, voire d'éthique sociale. On a assisté à des boycottages de produits à la suite de licenciements mal acceptés.

Pour évoquer à nouveau Toulouse, comment faire vivre ensemble l'entreprise et ses environnements humain et naturel ?

Les citoyens, les entrepreneurs et les élus doivent comprendre les mécanismes de gestion des risques liés à la proximité entre l'entreprise et son environnement. De trop nombreux élus ignorent les mécanismes d'autorisation d'exercer. Tous les outils réglementaires et administratifs existent en France. Mais il faut les faire mieux vivre, être actifs. En tout état de cause, l'antagonisme, dans ce débat, est sans avenir.

Quels conseils donnez-vous aux entreprises en matière d'environnement ?

1. Écoutez vos clients et leurs attentes.
2. Enrichissez vos relations avec tous les partenaires de la société civile dans laquelle vous évoluez.
3. Soyez à l'écoute de toutes les problématiques, même internationales. Elles peuvent très bien vous concerner un jour ou l'autre.

Deloitte & Touche

Au service des entreprises françaises et internationales

Créé en 1981, Deloitte & Touche, est un des leaders français de l'audit et du conseil. Ses 3 500 collaborateurs servent des entreprises multinationales, françaises et étrangères, des petites et moyennes entreprises, des associations, des collectivités et des administrations. Ils mettent à leur disposition une offre pluridisciplinaire couvrant :

L'audit

Légal et contractuel, commissariat aux apports et aux fusions, reporting et consolidation, systèmes et organisations comptables, contrôle et audit interne, évaluation des systèmes d'informations, litiges et fraudes, sécurité e-business, capital markets, risk management...

Le conseil

Stratégie, opérations, aide à la décision et mise en œuvre du changement, technologie (technologie de l'information et intégration ERP). Une entité spécifique, Management Solutions, est dédiée aux activités de conseil délivrées aux entreprises du middle market.

Le corporate finance

Fusions-acquisitions, transmissions d'entreprise et cessions, restructurations d'entreprise, évaluations, opérations immobilières et financières...

L'expertise comptable

Au travers d'In Extenso, regroupant plus de 80 agences en France : tenue de comptes, diagnostic comptable, assistance à la gestion, conseil fiscal et social, suivi de la paie, mise en place de tableaux de bord, suivi financier...

Pour répondre parfaitement aux attentes du marché, ces expertises (« les lignes de services ») sont organisées en équipes spécialisées (« les industries »), représentant les secteurs d'activités des clients.

Afin d'assurer la proximité du service à ses clients, Deloitte & Touche s'est implanté dans près de 80 villes dont Bordeaux, Lille, Lyon, Marseille, Nantes, Strasbourg, Tours, toutes en étroite relation avec le siège de Neuilly.
Les clients français de Deloitte & Touche peuvent également bénéficier de l'expérience des 100 000 professionnels de la firme mondiale qui, implantés dans 130 pays, servent notamment 700 des plus grands groupes internationaux.
Très attentif à la qualité des services rendus à ses clients, Deloitte & Touche s'est doté de normes très rigoureuses, renforçant celles fixées par les différentes institutions professionnelles et réglementaires, et s'attache à ce que chacun de ses collaborateurs réponde à une grande exigence déontologique et éthique.
En 2001, Deloitte & Touche a réalisé, en France, un chiffre d'affaires de 2,9 milliards de francs, en forte augmentation par rapport à 2000. Cette croissance a été rendue possible par le recrutement de plus de 8 220 collaborateurs.
Au plan mondial, Deloitte & Touche a réalisé un chiffre d'affaires de 12,4 milliards de dollars, également en forte croissance par rapport à l'exercice précédent.

Deloitte & Touche

Les associés, consultants et avocats en Région Rhône-Alpes

A Villeurbanne

Immeuble « Park Avenue »
81, bd de Stalingrad
69100 VILLEURBANNE
Tél. : 04 72 43 37 00 – Fax : 04 72 43 39 90
www.deloitte.fr

Olivier Rosier
Directeur Général

DELOITTE TOUCHE SOCIÉTÉ D'AVOCATS
Jean-Jacques Duflos
Frank Dumas
Gérald Fougerat
Yves Prud'hon

DELOITTE TOUCHE MANAGEMENT SOLUTIONS
Bernard Desprez
Philippe Jeanmaire
Éric Labruyere
Renaud Vatinet

DELOITTE TOUCHE TOHMATSU AUDIT
Jacques Convert
Alain Descoins
Arnaud de Rincquesen
Joël Jullien
Dominique Natale
Dominique Valette

DELOITTE TOUCHE TOHMATSU – CAC PME
Thierry Aubrun

DELOITTE TOUCHE CORPORATE FINANCE
Sophie Sauvage
Stéphane Leroux

IN EXTENSO RHONE-ALPES
Philippe Forgues
Jean-François Devillard
André Orgiazzi
Richard Atuyer
Pierre Bergeret

Autres bureaux In Extenso Alpes Dauphiné :
Saint Étienne, Bourg-Saint-Maurice, Grenoble, Montélimar, Moutiers, Val-d'Isère.

Remerciements

Nous remercions toutes les personnes qui ont bien voulu consacrer quelques instants de leur précieux temps pour collaborer à la réalisation de cet ouvrage en répondant à nos questions :

Patrice Arbault, directeur de Diffchamb, Lyon

André Auberton, directeur général de Soitec, Grenoble

Jean-Michel Aulas, président-directeur général de Cegid, Lyon

Éric Barbier, membre du directoire du groupe Tracing Server, Ecully

Christian Boiron, président-directeur général des laboratoires Boiron, Lyon

Roland Bonnard, directeur régional Initiative et Finance Gestion, Lyon

Pierre Carde, directeur d'Infocité, Lyon

Pierre-Marie Chevalier, directeur de l'Agence du numérique Rhône-Alpes

Bernard Chotteau, directeur général de GBS Traiteur, Corbas

Pierre Decitre, président-directeur général des librairies Decitre, Lyon

Marcel Deruy, directeur du réseau Sud-Est de la BDPME, Lyon

Thierry Ehrmann, président-directeur général du groupe Serveur, Lyon

Jean-Louis Falconnier, président-directeur général de Ciat, Culoz

Daniel Faure, président-directeur général de Première Vision, Lyon

Olivier Ginon, Générale Location, Brignais

Jean-Yves Guyon, délégué général d'Apicil-Arcil, Lyon

Dominique Hiesse, directeur général associé RBDH, Lyon

Éric Jacquet, président-directeur général de Jacquet Industries, Saint-Priest

Antoine Jarmak, directeur général de la Banque de Vizille, Lyon

Philippe Joffard, président-directeur général de Lafuma, Anneyron

Bruno Lacroix, président-directeur général d'Aldes, Lyon

Philippe Leydier, président du directoire d'Emin-Leydier

Thierry Lièvre, président-directeur général de L3C, Bourg-de-Thizy

Jean-Paul Mauduy, président du Medef Rhône-Alpes, Lyon

Robert Maury, directeur exécutif de l'ADERLY, Lyon

Jacques Mottard, président-directeur général de Sword, Lyon

Pierre-Alain Muet, adjoint au maire de Lyon

Régis Neyret, président de Patrimoine Rhônalpin, Lyon

François-Régis Ory, président-directeur général de Floréane, Trévoux

Éric Poincelet, directeur général de Biovision, Lyon

Jean-Marc Prot, président-directeur général de Distriborg, Lyon

Guy Rigaud, président du directoire de Rhône-Alpes Création, Lyon

Jean-Paul Sabran, directeur général de Plasturgie Centre Est

Roland Tchénio, président-directeur général de Toupargel, Civrieux-d'Azergues

Jean-Paul Teyssédre, directeur des services vétérinaires du Rhône, Lyon

Jean Therme, directeur du CEA-Léti, Grenoble

Thierry de la Tour d'Artaise, président-directeur général de SEB

Jean-Noël Treilles, président-directeur général de Merck-Lipha, Lyon

Conçu et réalisé par

Alphacoms

avec l'appui de

Caravagge

COMMUNICATION TERRITOIRES & ANTICIPATION

Rédaction
Marie-Stéphane Guy
et Claude Ferrero

Coordination rédactionnelle
Étienne Charbonneau
et Écrit et Expression

Illustrations : Trombone, Angers (49)
Maquette : Le Polygraphe, Angers (49)
Impression : HMI, Denée (49)
Dépôt légal : décembre 2001
ISBN 2-910561-11-9
Prix : 24 euros